杭州市哲学社会科学重大课题　杭州学人文库

编辑指导委员会

主　任：卓　超

委　员：（以姓氏笔画为序）

尹晓宁　朱学路　孙立波　陆文荣　陈　星

苏晓松　杨　毅　周小忠　周旭霞　赵国青

袁亚春　梁　坤　章　琪　楼大为　楼含松

民俗游戏的人性景观

陈 丹／著

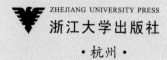
Zhejiang University Press
浙江大学出版社
·杭州·

图书在版编目(CIP)数据

民俗游戏的人性景观 / 陈丹著. —杭州:浙江大
学出版社，2023.8
ISBN 978-7-308-24097-0

Ⅰ.①民… Ⅱ.①陈… Ⅲ.①游戏—介绍—中国
Ⅳ.①G898

中国国家版本馆 CIP 数据核字(2023)第 151670 号

民俗游戏的人性景观

陈丹 著

策划编辑	吴伟伟
责任编辑	马一萍
责任校对	陈逸行
封面设计	春天书装
出版发行	浙江大学出版社
	(杭州市天目山路 148 号　邮政编码 310007)
	(网址:http://www.zjupress.com)
排　版	浙江大千时代文化传媒有限公司
印　刷	杭州高腾印务有限公司
开　本	787mm×1092mm　1/16
印　张	11
字　数	202 千
版 印 次	2023 年 8 月第 1 版　2023 年 8 月第 1 次印刷
书　号	ISBN 978-7-308-24097-0
定　价	68.00 元

浙江大学出版社市场运营中心联系方式:0571-88925591;http://zjdxcbs.tmall.com

出版说明

　　杭州市哲学社会科学重大课题杭州学人文库、杭州研究文库、创意城市文库收录最新杭州市哲学社会科学标志性学术成果。其中,杭州学人文库为杭州籍学者的研究成果,杭州研究文库为杭州研究专题成果,创意城市文库为创意城市研究专题成果。

　　文库论题选择体现历史性、现实性和预期性。注重各类历史问题研究,提炼文化精髓,提升人文精神。重视实际研究,更强调实践问题的学理性阐释。坚持面向世界、面向未来,融通各种学术资源,体现前瞻性和可承续性,以人文关怀和生态和谐为基本价值目标。

　　文库体现原创性、时代性和系统性。关注集成创新,更重视原始创新。不限学科,不限方向,不限方法,突出问题意识。强调独立性、独特性和个性化,强调有效价值和新颖程度,强调观点、话语和理念更新,强调察今观古、见微知著,鼓励引入前沿学科、新兴学科和交叉学科,鼓励学术质疑和学术批判,在突破传统领域和既有思维方面有所作为。3个系列各成系统,展示杭州学术成就的多面向。

　　文库项目每年向社会公开征集,通过专家评审机制严格遴选。选入项目为文库专属,独列于其他系统之外。

目　录

导　言

　　这是一本研究中国民俗游戏的书,主要描述并分析从古至今的中国普通大众在日常生活中如何休闲、玩耍、娱乐,如何寄情于景物,寄情于手艺制作、竞技比赛、节日庆典、礼仪崇拜活动,从而揭示中国人的游戏和游戏中的中国人的基本精神面貌。本书采取了多元综合的景观主义研究方法和叙事策略,试图比较深入地揭示中国民俗游戏中蕴含的社会文化和精神层面的意义,故命名为"民俗游戏的人性景观"。

　　游戏是什么? 游戏有什么用处? 游戏是否可有可无? 游戏对个人、对社会的作用是好还是坏? 历史的长河有前后变化,芸芸众生的性情有种种差别,学术研究也会有立场和方法的分歧,这些问题众说纷纭,莫衷一是。总之,问题和困惑有很多,而专精此道的研究人才还是偏少,研究成果也显得薄弱。在关于民俗游戏的性质和作用等问题上,可以说人人有疑惑,处处有争论,缺少的是基本原则和研究结论的共识。笔者在"幼儿游戏与指导"等有关科目的教学过程中,深感有必要进一步整理基本资料,提升研究方法,并对一系列理论和实践问题进行既具备翔实资料,又具有宽广视野的系统研究。当然这样的目标不可能一蹴而就,而本书还只是一个初步的粗线条性的尝试,工作的得失与成败,还需要读者来评判。

一、民俗游戏为什么值得关注

　　民俗游戏,是典型的传统民间文化形式之一。① 不同时代的不同族群,在长期的历史进程中,积累与传承了丰富多样的游戏,其母题、材料、形式和韵味,都有不可替代的特色与内涵。因此,民俗游戏研究,是中国社会和中国民族性研究的构成要素。

　　概括地说,游戏既涉及有形的物质材料和活动,又包含着无形的规则和结构,其

---

　　① 冯骥才:《中国民间文化遗产抢救工程普查手册》,高等教育出版社 2003 年版,第 212 页。

中蕴含着种种特定时代和地域民众的生活面貌、精神品质、价值取向、族群性格,也可以显示个人的修养和喜好;游戏既有内在规则、结构,玩起来又可以千变万化。普通人玩游戏,可以怡情乐生,也会上瘾成癖;绝世高人玩游戏,可以达到舍生忘死、逸世绝响的境界。对于游戏,有人骂,有人赞,有人爱,有人恨,有人又爱又恨,还有人避之唯恐不及,却又会被它的魅力所吸引。曾几何时,很多人认为游戏败坏儿童心志,耽误其学习"正经的"功课。但是也有一些人诚恳而热烈地主张,以游戏作为儿童教育的主要形式和途径。在幼儿教育领域,游戏的重要性则成为毫无疑义的定论。

对于成人来说,每个人在生命的不同时期如何面对游戏? 自己的孩子每天在生长,在变化,如何面对孩子的游戏? 周围的人在游戏,或者逃避游戏,批评游戏,抵制游戏,我们到底该怎么看? 事关自己的切身生活,应该如何安排? 遇到矛盾又应该如何处理?

从研究者的角度看,如何对待游戏,取决于解读游戏的人是谁、持什么观念、站在什么角度、有什么立场,而所有这些,本身又都可以成为研究的对象和话题。面对关于游戏的种种问题,要想做出明确而一贯的判断和深思熟虑的结论,需要具备相当的知识积累和研究的能力,对研究者提出了很高的要求。

对游戏的研究,历史上很长时间内处于沉寂状态;近百年来在西方十分兴盛,理论流派纷呈,呈现多元化的格局。[①] 近年来,由于电子游戏产业的空前发展,国际上呈现出崭新的游戏研究格局:研究方法的演变出现跨越学科的综合性趋势;在研究价值的选择上,更加注重贴近游戏玩家的身心感受,注重市场的力量、消费者的兴趣和需要,游戏的生产和消费联系更加密切。生产引导消费,消费又推动生产,市场俨然成为游戏产业发展的决定性力量。在这样的大背景下,儿童往往成为牟利动机驱动下的游戏消费者,成为经济链条中最弱小的受害者。[②] 国外最新的游戏研究,尤其是对于电子游戏的研究,与经典的心理学、社会学、民俗学理论研究形成脱节,似乎完全忽略了游戏与人性的深层联系。

传统的游戏研究,往往聚焦在就事论事的狭窄空间,甚至只是局限于游戏素材的静态描述和历史记录。在我国学术界,这种情况至今还很普遍。在心理学界和教育学界,对于游戏的研究(尤其是电子游戏等新型游戏的研究)数量偏少,质量不够

---

① [荷]约翰·赫伊津哈:《游戏的人:文化中游戏成分的研究》,何道宽译,花城出版社 2007 年版,第 12—14 页。

② [美]劳伦斯·科恩:《游戏力:笑声,激活孩子天性中的合作与勇气》,李岩译,中国人口出版社 2016 年版,第 9—11 页。

高。一般公众舆论则趋向于把游戏尤其是电子游戏看作是败坏儿童心灵、挤占学习时间的"妖魔鬼怪",简单化地加以排斥。① 学术界对于游戏研究有意无意地忽略,导致在当代社会的很多领域出现理论空洞化和实践指导缺位的尴尬情形。②

用当代的前沿学术视角来研究民俗游戏,十分有必要。③ 本书试图在当代多学科综合学理指导下对中国民俗游戏进行人性景观深层分析和描述。本书注重汲取当代国际游戏研究的视野和方法,从对我国传统民俗游戏的历史演化的探究入手,展现民俗游戏中的身心运作的智慧形态和意义象征的逻辑,揭示国人适应环境、安心立命的个人追求和群体文化传承的丰富性和多层次性。期望这样的研究可以在民俗学、社会学、心理学和教育学的结合上有一定的创新和开拓,让民俗游戏的深层文化意义得到展现,以便对我们开发游戏相关产业、推进儿童游戏活动指导和教育资源开发,有所启示和贡献。

二、本书的内容和框架

第一章讨论了游戏定义与研究视角、早期游戏理论、现代西方游戏理论,并对中国古代典籍中隐含的游戏观进行探究。对于"游"(旌旗之流)和"戏"(三军之偏)的考察颇具特色和创新。

第二章讨论了民俗游戏的含义、主客综合的"景观主义"研究视角、民俗游戏的源流、民俗游戏的分类以及本书民俗游戏的主题选择。通过对石器时代玩具的考察,讨论了游戏的早期发端以及与人类本能相关的存在意义;通过对远古岩画的考察,讨论了游戏与艺术共同的远古起源;通过对中国漫长封建社会的游戏历史演化的考察,发现一个基本现象:游戏的发展与繁荣,往往与一般大众的命运改善、社会风气的开放、个人自由的增长相关联,商业化和城市化则是推动游戏世俗化的主要力量。

第三章描绘了抓子儿、打花巴掌、斗虫儿、点手指唱歌、拉大锯、蹴鞠、踢石球、踢毽子、跳绳儿、脚驴斑斑、荡秋千等民俗游戏,通过对游戏玩法、相关典故的介绍,分析了其中蕴含的心理学和人类学的含义,揭示了运动游戏中渗透的身体智慧、审美情趣、社会交往与精神象征的意义。

---

① ［日］渡边修司、中村彰宪:《游戏性是什么:如何更好地创作与体验游戏》,付奇鑫译,人民邮电出版社2015年版,第Ⅻ-ⅩⅣ页。

② 宗争:《游戏学:符号叙述学研究》,四川大学出版社2014年版,第51页。

③ ［美］扬·哈罗德·布鲁范德:《新编美国民俗学概论》,李扬译,上海文艺出版社2011年版,第22—24页。

第四章介绍了围棋、象棋、六博、成形吃子类游戏、布子走子吃子类游戏、谜语、对联、童谣,展现了中华民族在悠久而曲折的历史长河中创造并积淀的富有民俗特色的逻辑思维和情感智慧。

第五章通过对小驴(猪)推磨、泥饽饽、泥叫鸡、兔儿爷、秸秆玩具、手帕老鼠、乞巧、解梦、烧宝塔、斗草、骑竹马、花大姐推磨、磕头虫卜麦等的描述,介绍了技艺制作和象征性意义表达的游戏中体现的工艺和人文意义。例如,发掘梦的象征特性,在心理治疗中具有积极的促进心理成长和人格改善的重要意义。[①] 本章论述了"make-belief"(制作一个东西并相信其意义的真实性)的重要性,即通过各种活动来建构生活的意义,体现了人类的创造性潜能。

第六章介绍了抬花轿、过家家、结拜、踏青、老虎抱蛋及其变式、杀羊羔及其变式、捞小尾巴鱼及其变式、挑急急令及其变式、指星过月及其变式等游戏,通过对游戏玩法的介绍以及游戏意义的分析,论述了社会交往游戏所体现的个体和群体两方面的社会性心理需求和文化的意义建构。

第七章提出游戏研究需要跨越历史和当下、虚拟和现实,因此必须跨越学科的界限,采取综合的灵活视角,站在当代游戏研究的高度,用"穿越历史"的眼光,对游戏从宏观上进行把握。通过对人性潜能的领悟和洞察、对科学技术人性化应用的想象,使未来的游戏发挥人性化的作用。契克森米哈赖(Csikszentmihalyi)提出了"心流"的概念:当人在彻底专注时会使整个身心都发挥到极致,全然忘记时间流逝与其他事物存在。这种身心合一的状态让生命与志趣融合,获得美好的人生体验。[②] 这一主张对于我们设计工作流程和学习课程有重大的指导意义。

第八章以庄子、孟子为例,论述了游戏精神与承担精神在中华文化中的矛盾纠结。讨论了环境气氛和人际关系的格局创设问题,主张弘扬游戏精神,用权力和利益的分享取代垄断,让宽容、合作、共赢成为主导性的存在视域,使得庄子的"两行"与萧伯纳(Shaw)的"生生"(live and let live)观念,成为人类选择未来出路的有效指引。本书关于孙子的"不战"思想以及游戏精神的讨论,能为处理冲突提供一定的启示。

---

① Goodyear-Brown, P. *Play Therapy with Traumatized Children: A Prescriptive Approach*, Wiley, 2010, 61.

② [美]米哈里·契克森米哈赖:《专注的快乐:我们如何投入地活》,陈秀娟译,中信出版社 2011 年版,第 33—35 页。

三、景观主义的研究方法

本书的研究,采取主客综合的景观主义(perspectivism)的立场和方法。这就如同中国传统绘画的散点透视,一步一景,移步易景,人在画中游,景由视角出。所谓"境由心生,心因境起",并非只是艺术批评的诗学辞藻,而是一种新哲学、新方法。景观主义的研究方法,与当代现象学和诠释学相一致,尤其是与具身性现象学的本体论血脉贯通。①

这与西方近现代绘画的定点透视——世界只有一个,真相只有一种,知识源于外物的属性,心灵只是外物折射的影像库存——显然大异其趣。景观主义的研究方法,不仅要考察研究对象,还要考察研究的视角、立场、假设、目的,即把研究者和研究对象作为完整的景观加以描述,力图揭示整体结构、系统变化、对应关系和前因后果。这种研究既要具备客观性,又不忽略主观性,而且力图从总体上揭示意向与对象、媒介与沟通、现象与主题的本真关联。

其实,在中国文化传统中,《庄子》的叙事已经奠定了景观主义的方法基础。"彼亦一是非,此亦一是非""莫若以明""天地一指也,万物一马也"②"圣人议而不辩"③,所以知"无言",止"坐驰",破除二元对立,从而能够做到"枢始得其环中,以应无穷"。这种意义显现和澄明的方法,在游戏研究中确有"庖丁解牛"的功效。

苏轼《题西林壁》诗云:"横看成岭侧成峰,远近高低各不同。不识庐山真面目,只缘身在此山中。"这首诗似乎告诉我们,要跳出庐山,从高处、远处、大处着眼,见微而知著,方可识得"庐山真面目"。

景观主义的整体观,不是单一地指向对象的客观认知。人生在世有很多重大使命,仅仅认识外物(对象)是不够的。对象化的知识无际无涯,不可能也不值得用有限的生命来拼命追随。超然脱俗如苏公者,肯定已经从"身在此山"的困境中解脱,不会陷入被万物奴役("役于物")的"坐驰"不归路。"役于物"说得通俗一点,就是被别人忽悠得昏天黑地,只知道用尽气力,一路瞎跑,越跑越远,却迷失了方向。所以,获取对象性知识不是我们的诗人所追求的目标。西方哲人也知道,"认识自己"才是真知,何况彻悟了"天地与我并生"的大道、跳脱了心物二元陷阱的东方贤达如苏东

① 燕燕:《梅洛—庞蒂具身性现象学研究》,社会科学文献出版社 2016 年版,第 82—89 页。
② 郭庆藩:《庄子集释》,王孝鱼点校,中华书局 2013 年版,第 65 页。
③ 郭庆藩:《庄子集释》,王孝鱼点校,中华书局 2013 年版,第 80 页。

坡者?①

所以,识得庐山真面目,不是看山是山,看山如山,而是要超脱对象性的认知,做到"看山不是山",然后才会有后来的"看山便见山",或者说"见山还是山"的境界,即返璞归真的境界。

在我们的生活中,景观不仅是景物而已,景观的结构中还有观者在。人与物,此与彼,景与观,人与世界相与相生,行云流水,生生不息,才成化境;这样的人生才有大格局,才算得上是气韵万千、精彩纷呈的真人生。游戏中的游戏者,也是一道道精彩纷呈的生命景观的构成要素。只见山,不见人,不是真正懂得看山观景的人。

那个困在山中的,是我们的有形、有限、有死之身;那个超然物外的,乃是具有天赋可能的无形无限的潜质和可能性。游戏,是人生存在的展开,犹如种子发芽,花朵绽放,千姿百态,生生不已,无有穷尽。

人,是游戏者。我们研究游戏,可以有三个阶段:看游戏是游戏;看游戏不再是游戏;看游戏还是游戏。这三种状况,可以前后连贯,也可以各成阶段。我们研究游戏,"看""见"了真相之后,我们自己的人生景观又会如何演变?这个提问,不能只用既成的词句和现有的结论来潦草地回答。每个人都要对自己内心的感受、价值的评估、观点的选择、人生的立场、行动的方案等的不同层面与不同要素,做综合的判断。更重要的,是个人生命的践行。有所感悟之后,我们又会变成何等不一样的游戏者?

阅读,不是单向度的接受行为,而是复杂互动的意义诠释和再创作过程;其中文本和感受,作者和读者,都是不断流动和变化的经验存在。能真正启发人的文本,才是好文本;能解读、阐释、利用文本的读者,才是好读者。游戏研究中作者和读者之间的关系,也要考虑阅读的解释学问题。最关键的一点就是:研究和阅读,都要启迪新的意义建构、解构、重构,从而推进人们不断学习、创造,而不是为了得出某个僵死的教条式结论,而截断文化再生产的活水的流动。活出意义来,才是游戏研究的真目标。

四、展望

本书对于游戏的分类和概念化、游戏体现的智慧形态、特定社会文化背景中的游戏形成以及历史演进的描述框架、分析和叙述的风格,力求有一定的创新,并形成

---

① 程光泉:《人生目的的阙失与灵魂拯救——苏东坡思想综论》,《济南大学学报(综合版)》1996 年第 6 卷第 2 期,第 18—23 页。

自己的特色。

本书致力于在下列关键之处有所创新：制定独具特色的游戏分类，体现游戏活动的不同智慧形态；结合特定的社会文化背景，描述游戏形成以及演进的历史和逻辑框架；在现象节点分析与意义整体关联上采用纵横开阖的叙述风格，跨越时空的多维度透视的转换，得出跨文化的比较和普适性的理论概括。

人的内在品质，如共情、自制；外部的历史境遇，如现代国家、商业、女性主义、理性沟通的机制等，都是促进世界和平、减少暴力的力量。[①] 而中国文化中"和而不同""不战"的游戏精神，在古代的人际关系乃至军事事务中，也曾经是最高的原则。游戏精神与人性及理性息息相通。我们今天继承并弘扬这种精神，对于当代社会文化建设，乃至处理国际争端与世界和平等重大问题，都有不可忽视的理论价值和现实意义。从这个意义上说，当代游戏研究的任务才刚刚被提出来，远远没有完成，本书所做的工作还仅仅是一个初步的开始。认真学习并系统梳理中华民族数千年的优秀传统，发掘其中的文化基因信息，有助于激发我们当代文化建设的活力，也有助于我们更好地融入广袤无边的世界文明之林。

本书可作为游戏设计、心理和教育工作、跨文化比较研究等领域的专业工作者的参考书，也可作为大众的通识读物。

愿本书成为读者思考和规划人生的一个发问者和对话者。

---

① ［美］斯蒂芬·平克：《人性中的善良天使：暴力为什么会减少》，安雯译，中信出版社 2015 年版，第 61—76 页。

第一章　游戏理论多棱镜

　　游戏,是一种跨越种族和文化的具有普遍性的人类活动,又具有时代和地域的独特风貌和品质。

　　游戏是个体生命活力的典型体现,洋溢着无拘无束的想象和天马行空的创造冲动。游戏是群体沟通和交往的最具和谐性的方式,充盈着丰富的真情实感,而少有刻板固定的权力架构和僵死的人格面具。游戏是人与自然互动过程中最具创新性和流动性的方式,自然的材料与景观为人的活动提供了无穷无尽的可能性,人在探索和尝试中可以实现自己诚实劳动和艺术创造的价值和潜能。游戏体现了人类追求自由创造的天性,我们可以称之为"游戏精神"。

　　游戏既有远古的起源,又是当下流行的时尚。无论年龄、性别、身份地位、社会与时代气质如何千差万别,都没有哪一个人会完全真心地拒斥游戏。即使是那些似乎不食人间烟火、只顾板着面孔教训人的"大人物",也不可能不受游戏的感染,不时显示出内心深层尚未完全丧失的些许童趣和天真。游戏是人的天性中不可剥夺的本原的色彩和质地。芸芸众生的喜怒哀乐,反映在他们的生命活动的方方面面,其中游戏精神的多寡、自由空间的大小,最能体现其基本存在状态的优劣和高下。游戏是人类活动不可或缺的重要组成部分。从这个意义上说,游戏与人类具有共同的命运,也反映了不同的民族历史和文化特色,游戏研究具有重大的理论意义和实践价值。

第一节　游戏的定义和研究的视角

　　由于人类与游戏紧密相连,故而研究人类的各种学科都离不开对游戏的研究,哲学、社会学、人类学、心理学、教育学、语言学等领域的专家学者对于游戏的定义与功能,都有着自己的见解。也正因如此,游戏研究领域理论纷繁,众说纷纭而莫衷一是。

一、关于游戏的界说和讨论

早期游戏研究的典范是约翰·赫伊津哈(J. Huizinga)的《游戏的人》。他认为,游戏是在某一固定时空中进行的自愿活动或事业,依照自觉接受并完全遵从的规则,有其自身的目标,并伴以紧张、愉悦的感受和"并非'平常的'或'真实的'生活"的意识。① 此外,他对包括希腊语、梵语、闪族语、拉丁语、日语、汉语、日耳曼语、英语等十几种语言在内的游戏概念的语言表达做了较为详细的分析。例如,在希腊语中,游戏有三种含义:适合于儿童的非生产性活动;不表示任何对象,而只是轻松自在地玩耍;琐碎、无价值。在梵语中,游戏有四个含义:动物、儿童、成人的游戏;风或浪的节律运动;单足跳、跳跃、舞蹈、赌博、掷骰子、哭泣、戏弄;轻闲的、不费力的模样。② 赫伊津哈的分析表明,人们有强大的游戏本能,游戏活动有多种形式,游戏性是一种带有普遍性的人性要素。

现代英语中,对游戏的表达最常用的两个词语是 play 与 game。这两个词语有相通之处,也有一定的区别。例如 play a game 意为"玩一个游戏",表示按照规则进行操作或比赛的意思。作为动词,play 表示自由玩耍、参与或投入扮演活动的意思,名词 game 则表示游戏活动的结构或程式,是相对完整而稳定的活动规则和流程的安排。

汉语对游戏的表达主要有动词:游(古代汉语作遊)、嬉、玩、耍等,大致与英语动词 play 相对应;名词:戏(古代汉语作戯)、艺、技、巧、术等,大致与英语名词 game 相对应。

中文的方块字,本身就是一幅幅图画。对字形字义的研究,可以提供很多文化和历史的启发。"遊戲"就是十分值得研究的汉字。

"游"字在《说文解字》中的解释是:"旌旗之流也……又引申为出游、嬉游,俗作'遊'。"③郑玄对《礼记》"故君子之于学业,藏焉,脩焉,息焉,遊焉"中的"遊"注释为:

---

① [荷]约翰·赫伊津哈:《游戏的人:文化中游戏成分的研究》,何道宽译,花城出版社 2007 年版,第 8—10 页。

② [荷]约翰·赫伊津哈:《游戏的人:文化中游戏成分的研究》,何道宽译,花城出版社 2007 年版,第 31—46 页。

③ 许慎:《说文解字(第三卷)》,段玉裁注,中国书店 2011 年版,第 1058 页。

"遊,谓闲暇无事於之遊。"①可见,"游"字有自由自在地闲暇、嬉戏的意思。

戏,《说文》解释为:"三军之偏也。"除左中右或前中后三军之外,还有什么兵种呢?那就是专管擂鼓助阵、摇旗呐喊、鸣金放炮、烟火特技等特种部队,擅长虚张声势、故布疑阵、迷惑敌军的各种特效技术。

我们根据字形来看看"戲"这个部队是什么样子:身穿兽皮,头戴羽毛,高举长矛大刀,威风凛凛,外表鲜亮,声势吓人,细看时又颇有装神弄鬼的滑稽模样。他们衣兜里藏着什么玩意呢?豆!为什么是豆呢?古人相信有"撒豆成兵"的魔法。豆是阴食,鬼魂喜欢食用。食用被施过魔法的豆子,鬼魂的行动会被施术者控制。

唐朝房玄龄等人编纂的《晋书》记载了东晋人郭璞撒豆成兵的魔法:

> 璞将促装去之,爱主人婢,无由而得,乃取小豆三斗,绕主人宅散之。主人晨见赤衣人数千围其家,就视则灭,甚恶之,请璞为卦。璞曰:"君家不宜畜此婢,可于东南二十里卖之,慎勿争价,则此妖可除也。"主人从之。璞阴令人贱买此婢。复为符投于井中,数千赤衣人皆反缚,一一自投于井,主人大悦。璞携婢去。②

杂剧《十样锦诸葛论功》中有:"某自幼拜文仲子为师,曾与母舅韩擒虎论韬略。某变昼为夜,撒豆成兵。"③

罗贯中《三遂平妖传》第四回:

> 只见那永儿把那葫芦儿拔去了塞的,打一倾,倾出二百来颗赤豆并寸寸剪的稻草在地下,口中念念有词,哈口水一喷,喝声道:"疾!"都变做三尺长的人马,都是红盔,红甲,红袍,红缨,红旗,红号,赤马……只见永儿又把一个白葫芦儿拔去了塞的,打一倾,倾出二百来颗白豆并寸寸剪的稻草在地下,口中念念有词,哈口水一喷,喝道:"疾!"都变做三尺长的人马,都是白盔,白甲,白袍,白缨,白旗,白号,白马……④

① 《礼记郑注汇编(下册)》,王锷汇校,中华书局 2020 年版,第 523—524 页。
② 房玄龄:《晋书(第六册)》,中华书局 1974 年版,第 1900 页。
③ 李媛:《明杂剧"涉梦戏"研究》,山西师范大学硕士学位论文,2019 年。
④ 罗贯中:《三遂平妖传》,浙江人民美术出版社 2017 年版,第 21—22 页。

今天的魔术,古代的魔法,都具有游戏的某些性质或者要素。魔法和游戏,当然有根本的区别,但是也有某种内在的联系。古代曾经流行的那些行当,例如练功、修道、祈雨、捉妖、驱鬼、巫祝治病等,各种神秘繁复的仪式,可能源于古老的原始信仰,曾长期具有一定的社会功能和心理功能,到现在只剩下一些神秘的文化装饰的作用。这是游戏研究中一个无法完全回避的话题。无论如何,民俗游戏的研究,不可能割断文化背景和历史,只对意义真空里的碎片进行机械的计数。

言归正传。三军中的"戏"部门,具有模拟声光、仿真弄巧的特殊技巧,能以假乱真,对于敌人有震慑、恐吓的心理战效果,也可以助长自己部队的士气,鼓舞精神,其作用不可小觑。后来,"戏"引申出做戏、演戏等意思,泛指专事表演的艺人及其行当,包括游戏、杂技、说唱、变戏法,以及后来形式更为发达的戏曲。从这个角度来说,游戏乃是文化艺术的总源头。

我们今天看戏,会发现其中有许多程式化的脸谱、服装、音乐、舞蹈、语言等文化元素,我们不知这些从何而来,它们也不被看作是任何一个剧作家的个人创作,当然也没有著作权和版权之说。很可能,这些古典元素传承了远古文明的某些遗存,只是时过境迁,那些当年曾经具有无边"魔力"的法术,今天只剩下舞台上艺术观赏的表演了。

简明扼要地说,"游戏"是一些相对稳定的游乐技法或游戏规则,即玩法,包括各种技艺、材料、活动的流程和架构,以及心智、体能、运动技巧、审美制作或意义象征的运作模式,包括玩家彼此之间的合作或博弈的规则。也就是说,玩是指活动的身心过程,是具体的人的动作;游戏(狭义)是指玩法,是历史沉淀下来的游戏活动的格式或结构。本书研究的内容,偏于后一种,即狭义的作为名词的游戏。本书采取这样的取向,一方面是因为对于古代人如何玩耍的动作,我们无从窥见;另一方面是因为对民俗游戏程式领域的文化积淀进行深入的研究,既有澄清历史真相的学术价值,又有针对现实生活的实践意义。

二、游戏的特征描述

面对游戏难以定义的事实,有三种不同的态度:

一是毋庸定义,游戏是庞杂的行为,无法精确定义也无须定义;

二是直觉判断,主张采用直觉判断的方法解决游戏的定义问题;

三是特征列举,主张将游戏看作是具有一套共同因素的行为,只要找出这些共同因素,就能解决"什么是游戏"的问题。[①]

用特征列举法来说明游戏,是将活动分解为各个构成要素,对游戏与非游戏活动的要素特征加以描述和比较,从而归纳出游戏的基本特征。下面是几种代表性的概括。

(一)三内说

纽曼(Neuman)等用控制、真实性和动机这三种指标来衡量一种活动是否是游戏,认为游戏的特征是内部控制、内部真实、内部动机。即游戏的特征是内部控制,工作的特征是外部控制;游戏的特征是虚构或想象,但对游戏者而言是内部的真实;游戏是由内部动机支持的行为。[②]

(二)五大特征说

加维(Garvey)认为游戏活动具有五个基本特征:有趣、令人愉快;没有外在的目标;自发自愿;对游戏者有积极约束;与非游戏活动之间有着系统性的联系。[③]

(三)六倾向说

鲁宾(Rubin)等认为游戏活动具有六种倾向:内部动机;注意力在过程而非结果;能用来做什么;想象或虚构;规则来自游戏的需要;游戏者积极参与。[④]

综合来说,游戏都必须符合自主性、过程性、愉悦性、虚拟性等主要特征。(1)自主性:个人对于自己的活动具有支配和控制的权利和能力。(2)过程性:游戏无强制性的外在目的。玩游戏的目的在于游戏活动本身,是为了好玩而游戏。除游戏本身的成果之外,别无其他目的。(3)愉悦性:游戏伴随着愉悦的情绪体验。由于在游戏中没有外界强加的刻意要达到的目标与结果,减轻了除游戏目标之外造成的紧张和心理的压力。(4)虚拟性:游戏活动是在假想的情境中发展的。与真实的生活活动相比,游戏总是在假想的情境中开展的,用游戏者自己的话来说,就是"假"的,不是真的。然而,假作真时真亦假,尽管游戏情境是假的,但玩家在游戏中投入的情感、获得的体验是真实的。

在此,我们给游戏下一个操作性定义:玩家主动自发、无强制性外在目的、伴随着愉悦情绪体验、带有虚拟性和规则性的活动。

---

① 刘焱:《儿童游戏通论》,北京师范大学出版社 2004 年版,第 146 页。
② Neuman, S. B., Roskos, K. *Peers as literacy informants*: *A description of young children's literacy conversations in play*, Early Childhood Research Quarterly, 1991, 223-248.
③ Garvey, C. *Play*, Harvard University Press, 1977, 48.
④ Rubin, T. D. et al. *Child's Play*: *Developmental and Applied*. Taylor and Francis, 2018, 44-45.

第二节 早期游戏理论

整个中世纪,西方对游戏的研究相对沉寂。文艺复兴之后,尤其是 19 世纪至 20 世纪初,西方有一批哲学家、心理学家、社会学家关注到游戏,并试图建立游戏的理论体系。

一、剩余精力理论

德国浪漫主义思想家、著名美学家席勒(Schiller)与英国社会学家、心理学家斯宾塞(Spencer)都将游戏与审美活动并列考虑,认为游戏与审美活动的性质相同,都超越了功利活动的范畴,"它们都不以任何直接的方式来推动有利于生命的过程"。[①]认为游戏是"充裕的精力的无目的的消耗","动物如果以匮乏为它的活动的主要推动力,它就是在工作;如果以精力的充沛为它的活动的主要推动力,它就是在游戏"。[②]

席勒说:"我们已经知道,在人的一切状态中,正是游戏而且只有游戏才使人成为完全的人,使人的双重天性一下子发挥出来……人对舒适,善,完美只有严肃,但他同美是在游戏。"[③]席勒还说:"说到底,只有当人是完全意义上的人,他才游戏;只有当人游戏时,他才完全是人。这个道理此刻看来也许有点似是而非,不过如果等到把它运用到义务和命运这双重的严肃上面去的时候,它就会获得巨大而深刻的意义。"[④]游戏使人更全面地发展自己的天然本性,成为更丰富更有活力的生命的存在。

二、生活准备理论

德国哲学家格鲁斯(Groos)批评剩余精力理论低估了游戏的价值,认为游戏是一种练习本能的普遍冲动,通过在游戏中的模仿和锻炼,为未来生活做准备。

格鲁斯通过观察发现,进行游戏的动物具有如下特征:在种系演化的阶梯中所处的地位较高,但是在出生时发育并不充分。他说:"动物之所以游戏,并不是因为它们年幼的缘故,它们之所以有幼年期,是因为它们必须要游戏。鉴于未来的生活

---

① 李斯托威尔:《近代美学史评述》,蒋孔阳译,上海译文出版社 1980 年版,第 18 页。
② 北京大学哲学系美学教研室:《西方美学家论美和美感》,商务印书馆 1980 年版,第 182 页。
③ 席勒:《审美教育书简》,冯至、范大灿译,人民文学出版社 2022 年版,第 78 页。
④ 席勒:《审美教育书简》,冯至、范大灿译,人民文学出版社 2022 年版,第 79—80 页。

任务,它们必须这样做,才能用个人经验来补充与生俱来的不完善的机制。"①换言之,高等动物出生时机能并不完善,需要在游戏中反复练习,才能使得潜在能力充分发展。

三、复演理论

美国心理学家霍尔(Hall)批评生活准备理论只关注未来却忽视了过去。霍尔认为,人类的文化经验是可以遗传的,儿童游戏复演人类祖先的各个发展阶段。游戏是远古时代人类祖先的生活特征在儿童身上的复演。②

四、松弛理论

与剩余精力理论不同,松弛理论认为人进行游戏不是因为精力剩余,而是因为精力缺乏或不足,游戏和娱乐活动能够帮助机体解除紧张状态,恢复精力、增进健康。哲学家派屈克(Patrick)认为,现代社会中,人因为心理压力导致疲劳,只有游戏才能帮助人从厌倦和疲惫状态中得到解脱。③ 也就说,游戏是激发活力的主要途径。

早期的游戏理论是游戏研究领域的拓荒者,起到了奠基的作用,后来的游戏理论都离不开对早期学说的批判性继承。

第三节　现代西方游戏理论

现代西方游戏理论研究,多与心理学、人类学研究相辅相成。比较突出的有:元交际理论、发生认识论、精神分析理论和原型象征理论。

一、元交际理论

人类学领域的元交际理论是一个重要的具有影响力与系统性的游戏理论。元交际(meta-communication)是交际过程中隐含的一种抽象的架构或规则的理解,是交际双方对真正的交际意图或所传递的信息深层意义的辨识与应对。元交际,是一种就内隐的信息进行有意义沟通的能力。

---

① Groos, K. *The Play of Animals*. NY: Appleton. 1898,11.

② 蔡淑苓:《游戏理论与应用——以幼儿游戏与幼儿教师教学为例》,五南图书出版股份有限公司 2004 年版,第 18 页。

③ 刘智成主编:《幼儿园游戏与指导》,南开大学出版社 2017 年版,第 7 页。

人类学家贝特森(Bateson)认为游戏活动的开展以元交际过程为基础,游戏活动的开展与进行都需要游戏双方以能够识别对方的游戏意图为前提。许多在现实中会引起严重后果的举动,伴随着"我这是在玩!"的信号发生在游戏中时,就不会引发负面的情绪反应。[①] 儿童在游戏时,总会以各种不同的方式来发送或接收游戏信号,从而克服各种挑战性行为和情境造成的困扰。例如,游戏中的"马虎子"抓人的时候,并不会造成被抓儿童的恐惧心理体验和激烈反应,反而使儿童有机会学习应对类似的情境,增强自己对于外界负面刺激的心理免疫力或者说心理弹性。

元交际理论认为,游戏是一种重要的学习元交际的方式,是进入人类文化和意义世界的一条重要途径。因此,游戏对于人类生存和发展的价值不可低估。

二、发生认识论

提出发生认识论的心理学家皮亚杰(Piaget)把游戏看作与一般的智力运作相对应的活动形式。不同的认知图式对应着不同的游戏类型:感知运动阶段(0-2岁)对应着练习性游戏,前运算阶段(2-7岁)对应着象征性游戏,具体运算阶段(7-12岁)对应着规则游戏,而到了形式运算阶段(12岁以后),游戏活动就逐步让位于认真严肃的工作,因此需要从儿童的认知图式发展过程去考察。

儿童通过动作产生逻辑,通过身体的直接活动经验,形成心理的图式(schema)。儿童通过游戏活动练习、巩固已有图式,并促进更高级图式的生成。

三、精神分析理论

精神分析学派认为生物生存的基础是一些与生俱来的原始冲动和欲望,人类需要为这些受压抑的冲动和欲望寻找出路,游戏就是这样一个不受现实原则支配的、相对自由的个人空间,能够避开意识的检查,用隐喻和转换等替代方式释放原始的本能。

弗洛伊德(Freud)认为自我、本我和超我共同构成了人格,其中,内驱力构成的本我与外部社会规则内化的超我是矛盾对立的。弗洛伊德认为,由于游戏与现实是部分分离的,故而自我能够在游戏中调节与平衡本我和超我的矛盾与冲突。游戏为儿童提供了安全的环境,满足其在现实生活中不能实现的愿望,为儿童从被动的接

---

① Bateson, G. "The message 'This is play'. "In Herron, R. E., Brian, S. (eds.). *Child's Play*. John Willey &Sons, 1971, 17.

受者转变为积极主动的掌控者提供了活动空间,帮助儿童释放因内驱力受社会压制而产生的紧张与压力,因而具有治疗的作用。

埃里克森(Erikson)丰富和发展了弗洛伊德的观点,他将人格分为八个阶段(0—1.5岁;1.5—3岁;3—6岁;6—11岁;青春期;青年期;成年期;老年期),指出每个阶段都有自己特定的发展任务(信任—不信任;自主性—羞怯疑虑;主动性—内疚;勤奋—自卑;同一性—角色混乱;亲密—孤独;繁殖—停滞;自我整合—失望),如果解决得好就会形成理想人格,任务没有完成就会导致发展的停止甚至倒退。游戏是"一种克服困难的经验和获得掌控感的孩子式的思维方法"[①],可以帮助儿童获得胜任和成功感,故而能够促进儿童心理的发展。

四、原型象征理论

瑞士心理学家和精神病学家荣格(Jung)的心理学研究聚焦于原型和象征。他的游戏理论涉及广泛,影响深远。

原型,是人类祖先遗留的普遍性无意识精神模式,例如女人心中的理想化男人原型(阿尼姆斯),男人心中的理想化女人原型(阿尼玛),白胡子的智慧老人,天真而聪慧的神童,山清水秀的仙境,天下无敌而且勇于担当的英雄,母亲与孩子的出世,死亡与重生,人格面具与阴影,等等。这些原型反复出现在梦里和艺术作品之中,对人的人生体验和精神成长具有重要的影响。

象征,是人的心理活动最根本的形式,是经验和意义的本体结构,具有强大的对立面整合作用和超越性的转化功能。神话、梦境、神秘艺术、原始宗教、巫术和占卜、民俗、儿童游戏、密教修行、民间的古老心理疗愈传统,等等,都会广泛地应用象征的机制和功能。[②]

依据荣格的理论,人的意识不能直接控制无意识,就如同人不能拔着自己的头发就飞上天去。迷信理性化说教与行为塑造,执迷于单相思式的意识努力,并不能给人真正的能量——任何控制都会引起反弹,无论多么正确的控制——而只会让人日益陷入无能、无助、无望、无灵感的"四无"状态,陷入不真实的非本真存在状态。疾病(包括精神病和躯体病)、自杀、逃避、破罐子破摔的赌徒心态,就会成为逃避真实生活的衍生物。造成这类困境的根源,在于精神资源的枯竭。无源之水,无本之

---

① Erikson, E. H. *Childhood and Society*. W. W. Norton. 1950,23.

② 杨广学:《心理治疗体系研究》,吉林人民出版社2003年版,第57页。

木,哪里会有生命的活力和创造?

通过游戏、故事、艺术、梦、主动想象等象征活动,我们才能得以观察、反思人类精神的源头和流动的经验真相,得到心灵内部的对话;才能得以统整错综纷纭的经验碎片,接触灵感的源泉;才能得以窥见完整性的人生目标和价值,回归人的根本,从而超越自己当下生活境遇的局限,进入精神自由的王国。我们研究民俗游戏的目的,就是要寻根溯源,探究人性的源泉;就是要追问人类文明的最终出路。在这个意义上说,游戏绝对不是只有小孩子才会玩的可有可无的小玩意!

最近的 100 多年间,心理治疗界在游戏理论研究及其助人成长和康复的应用中,具有突出的成就,对于人类文化的基本走向产生了一定的影响。

游戏心理治疗(play therapy)借助游戏的形式,帮助儿童克服心理障碍,预防和化解心理危机,使儿童学会应对困难,增长力量和自信,成效极好而且很少出现负面作用。[1] 对于特殊儿童群体,尤其对于幼童、无语言沟通能力的障碍儿童、病弱儿童、遭受虐待和心理创伤的儿童,游戏治疗是最好的,有时甚至是唯一可行的心理干预手段。我们国内对于这方面的研究还很薄弱,应该奋起直追。

游戏的治疗作用,值得高度关注。"创伤对孩子的影响事实上远远胜过对成年人的影响……很少有孩子能够完全从创伤中摆脱出来。"[2]儿童期造成的心理创伤,会让人长期受苦受难,甚至终生挣扎而难以解脱。因为早年的创伤性经历,而让人一生在困扰和纠结中度日,无法过上平和、宁静、宽容、慈爱、幸福的生活,这是一件多么可悲可叹的事!

在当下的生存境遇中,要远离环境中的创伤,远离各种让人痛苦煎熬的境遇,已经不是一件容易的事;而我们内在的精神创伤,既多种多样,又幽秘隐蔽,很容易成为一颗颗深埋地下的炸弹,不知何时就会引爆。这样一种多重压力内外夹攻的情形,对于我们个人和群体的心理健康,构成严重的风险和威胁。重视游戏的治疗作用,无论对于儿童还是成人的心理健康,都具有不可低估的现实意义。

第四节　中国古代典籍中隐含的游戏观

"游戏"一词最早见于《史记》:"楚威王闻庄周贤,使使厚币迎之,许以为相。庄

---

[1] Goodyear-Brown, P. *Play Therapy with Traumatized Children: A Prescriptive Approach*, Wiley, 2010, 42.

[2] [美]布鲁斯·D.佩里,迈亚·塞拉维茨:《登天之梯:一个儿童精神科医师的诊疗笔记(第三版)》,曾早垒译,重庆大学出版社 2021 年版,序言第 2 页。

周笑谓楚使者曰：'千金，重利；卿相，尊位也。子独不见郊祭之牺牛乎？养食之数岁，衣以文绣，以入大庙。当是之时，虽欲为孤豚，岂可得乎？子亟去，无污我。我宁游戏污渎之中自快，无为有国者所羁，终身不仕，以快吾志焉。'"①

庄子游戏人生的超然态度跃然纸上！

墨家认为游戏不事生产、耗费资源，于民有害，必须严格禁止。

法家从统治者的功利目标出发，主张对游戏进行严格防范，禁止因为游戏而对大一统的统治秩序造成挑战。

孔子在《论语》中主张"志于道，据于德，依于仁，游于艺"②，其中游艺一词近似我们今天的游戏。孔子肯定了游戏在道德教化、人格养成中具有应该善加利用的社会功能。清代学者颜元说："故因人性之所必至，天道之所必然，而制为礼、乐、射、御、书、数，使人习其性所本有，而性之所本无者，不得而引之蔽之，不引蔽，则自不习染，而人得免于恶矣。"③但由于这种游戏道德化的基本定位，并不完全符合游戏核心的自由精神，故而随着儒学在皇权意识形态中的地位不断强化、内在精神品格不断没落，后继者逐步走上了防范游戏甚于洪水猛兽的偏执立场。例如，朱熹认为游戏极易使人流荡忘返，所以要禁绝"外诱"。

总体上说，封建时代传统的主流意识形态对游戏持激烈的批评和抵制态度。在中国典籍中，除了《庄子》，古人对游戏的态度并不友好，认为游戏不庄重、无产出、实用价值不大。重学习、轻游戏的思想源远流长。但是，跳出宫廷和权贵主导主流意识形态的狭隘框架，我们会发现其实中国人的生活中，随时随地都有游戏的活动和氛围，尤其在民间艺术中渗透着游戏的气质。其中一个突出的现象，就是民间对于游戏的痴迷。民俗游戏流布广远，积累深厚，蔚为大观，根本原因就是普通百姓的厚爱和追捧。

先秦以来，古代汉语典籍反映出对自由游戏的敌视和警惕。游戏不庄重、无产出、缺少实用价值，似乎已经成为国人心目中无需证明的基本定理。在中国古代，重视所谓"仕途经济"、轻贱游戏玩乐的倾向根深而蒂固，源远而流长。直到清代，这种主流意识形态更加牢固浓重。《红楼梦》中贾政痛打贾宝玉的段落中，这一功利主义倾向表达得十分明显。

---

① 司马迁：《史记（下）》，北京燕山出版社 2017 年版，第 550 页。

② 《论语》，刘琦译评，吉林文史出版社 2009 年版，第 71 页。

③ 姜广辉：《颜李学派》，中国社会科学出版社 1987 年版，第 64—65 页。

自轴心时代（雅斯贝斯语）以来①，中国各个流派的思想家之中，庄子是一个明显的例外。游戏的精神，可以说是庄子自由主义思想的灵魂和旗帜。

游，作为一个哲学范畴，最集中地体现于《庄子》一书。书中使用游字共 100 多处，主要用于表述游玩、游戏、游历活动和精神超越性的绝对自由境界。

《庄子·大宗师》：

> 吾师乎！吾师乎！齑万物而不为义，泽及万世而不为仁，长于上古而不为老，覆载天地刻雕众形而不为巧。此所游已。②

《庄子·逍遥游》：

> 若夫乘天地之正，而御六气之辩，以游无穷者，彼且恶乎待哉！故曰：至人无己，神人无功，圣人无名。③

可见，在庄子的世界里，游是最高的生存境界。庄子思想对于当代游戏研究的意义不同凡响。能够参与当代世界文明对话的中国古人中，庄子为首选。

在古代知识阶层中，有部分文人极力推崇游戏。例如，关汉卿在《一枝花·不伏老》中这样自我表白：

> 我玩的是梁园月，饮的是东京酒，赏的是洛阳花，攀的是章台柳。我也会围棋、会蹴鞠、会打围、会插科、会歌舞、会吹弹、会咽作、会吟诗、会双陆。④

如果一定要说游戏会让人丧失志向，磨损毅力，使人一事无成，那我们如何来解释：推崇游戏的关汉卿却能够取得骄人的文学成就呢？把悠闲的游戏和严肃的工作对立起来，可能是很成问题的武断假定，是对人性的严重误解。

我们总会追问：人们活着，是为了工作，那么工作又是为了什么？工作之余，活得开心一点，是不是一个合情合理的追求？把工作安排得有乐趣、有意思、有挑战、

---

① 吾淳：《重新审视"轴心期"：对雅斯贝斯相关理论的批判性研究》，上海人民出版社 2018 年版，第 18 页。
② 郭庆藩：《庄子集释》，王孝鱼点校，中华书局 2013 年版，第 256 页。
③ 郭庆藩：《庄子集释》，王孝鱼点校，中华书局 2013 年版，第 18 页。
④ 《关汉卿集》，马欣来辑校，山西人民出版社 1996 年版，第 486 页。

有成就感，让人觉得灵动一点，轻松一点，不至于那么累，那么苦，不也是一个合情合理的要求吗？人民大众的幸福感，应该有游戏的要素在内！况且，幽默，平和，宽容，忍让，合作，共赢，不都是我们这个时代最为看重的品质吗？

人类未来的走向与游戏的演化有直接关系。小到个人，大到民族，游戏精神都是生活中不可或缺的元素。我们的民族性格中是否具有浓厚而高超的游戏精神？游戏中的中国人是什么样子？这是我们下一章要考察的问题。

第二章 民俗游戏面面观

中国民俗游戏有悠久的历史与丰富的内涵。从当代学术的多重视角来考察游戏的历史演变和精神气质,很有意义,也有很大难度,还需要做很多创造性的理论工作。本章尝试做一些初步的线索联结和材料梳理,供读者参考。

第一节 民俗游戏的含义、研究视角与研究意义

一、民俗游戏的含义

(一)民俗之含义

1989 年,联合国教科文组织第 25 届会议提出传统的民间文化是人类的共同遗产,强调传统的民间文化作为文化遗产和现代文化组成部分的重要意义和特殊性,加之传承形式的极端不稳定等因素,传统的民间文化面临着可能消失的危险,建议各国政府加以保护。[①]

民俗游戏,是典型的传统民间文化形式之一。[②] 其实,民俗游戏,与民间信仰、传统艺术、生活习惯、节日庆典、礼数仪式,等等,有着不可分割的内在联系。神灵崇拜现象如何在游戏中体现,研究游戏自然不能从这样的文化大背景中割裂开来。

北京大学金克木教授在《中国文化老了吗?》一书中,用符号学的眼光考察民俗、行为和民俗心态,提出"无文的"文化和"信息场"概念,不仅生动有趣,而且发人深

---

① 段明:《非物质文化遗产保护的背景与对策》,《重庆社会科学》2008 年第 4 期,第 83—87 页。
② 冯骥才:《中国民间文化遗产抢救工程普查手册》,高等教育出版社 2003 年版,第 212 页。

省,在民俗研究的方法论方面具有创新和指导意义。①

有西方研究者按照存在形式将民俗分为三类:口头民俗、物质民间传统与习惯民俗。口头民俗包括方言、民间诗歌、民间故事、民谣等;物质民间传统包括民间建筑、工艺、艺术、服饰和食物等;习惯民俗通常涉及口传和非口传的因素,包括民间信仰和迷信,民间习俗和节日,民间舞蹈和戏剧,手势和民间游戏等。②

民俗是人们在长期的社会生活中形成的文化传统和行为规范,是群体性社会观念和社会心理的产物。一定的群体观念和群体心理,会造成人们行为方式上的某些一致性,这种一致性的行为方式经过长期的历史发展和积淀,会演变成具有相当稳定的结构的行为文化模式。

（二）民俗游戏之含义

什么是民俗游戏? 国内对民俗游戏(或民间游戏)定义的描述较多,主要有以下几种类型:

经过历史的传承,在民间广泛流行的嬉戏和玩耍活动。③

流传于人民生活中的嬉戏娱乐活动,俗语称"玩耍"。④

流传于民间,以嬉戏、消遣为主的娱乐活动。⑤

在广大民众中广泛流行,并且成为代代传承的文化传统的游戏。⑥

以口头形式传授,以直接参与为目的的竞技和演示活动。⑦

由劳动人民在特定文化基础上自发创编的、具有鲜明地方特色的娱乐活动。⑧

传统游戏活动是指从生产劳动、社会风俗等人类社会生活中演变而来的游戏活动;直接发生的传统游戏活动则是人们为了娱乐、消遣、竞赛或教育而有意识地创造出来的。⑨

上述对民俗游戏(民间游戏)的描述虽然不尽相同,但都包含了历史悠久、代代传承、娱乐性等共同特征。此外,也有人对民间游戏的特征进行了描述:在民间源远流长,历史悠久,可能其发源地与创编者都难以考证;幼儿自由发起、随意解散、愉快

---

① 金克木:《中国文化老了吗?》,中华书局 2016 年版。
② [美]扬·哈罗德·布鲁范德:《新编美国民俗学概论》,李扬译,上海文艺出版社 2011 年版,第 8 页。
③ 王慧:《中国传统游戏》,黄山书社 2014 年版,第 1 页。
④ 乌丙安:《中国民俗学(第二版)》,辽宁大学出版社 1999 年版,第 343 页。
⑤ 钟敬文:《民俗学概论》,上海文艺出版社 2010 年版,第 380 页。
⑥ 陈连山:《游戏》,中央民族大学出版社 2000 年版,第 18 页。
⑦ 王娟:《民俗学概论(第二版)》,北京大学出版社 2011 年版,第 170 页。
⑧ 智学、张建岁:《民间游戏在幼儿园活动中的应用》,高等教育出版社 2012 年版,第 1 页。
⑨ 李屏:《中国传统游戏研究——游戏与教育关系的历史解读》,山西教育出版社 2012 年版,第 23 页。

玩耍；对游戏条件、材料等没有特殊要求，不需要昂贵的玩具也能进行。①

综合来说，民俗游戏就是特定民族生活中历史悠久、流传广泛、备受欢迎、玩具就地取材或不需玩具的嬉戏和玩耍活动。民间的游艺、休闲、娱乐活动，都可以作为民俗游戏的同义词来使用。

二、民俗游戏的研究视角

民俗游戏是文化的重要构成部分。文化是在特定社会中传播的象征性意义体系和社会成员行为规范的总称，包括物质、行为、精神三个层面。我们要研究的民俗游戏，就包括了这三个层面的内容。研究民俗游戏，并不只是一种可有可无的、只是让人打发时间的无聊的小玩意。美国社会学家科萨罗的名作《童年社会学》通过研究儿童和父母在游戏中的互动关系，深入揭示了物质文化和象征（神话传说、玩具、仪式等）的意义阐释和代际关系特征，创造了儿童社会作用研究的新范式。②

人类学对人类文化的研究，采用客观（etic，文化圈外部视角）和主观（emic，文化圈内部视角）相互印证的方法。③ 外部视角和内部视角很有可能截然不同。举例来说：外部人可能把一个部落的首领称为"酋长"，但是内部人可能会说，这位首领其实是一个"智者"，他不会强迫人，也没有要求他人服从自己的意愿，而且他的首领位置不是继承得来的，也不会传给儿子。我们作为外人，把酋长的概念套在他身上，只能产生文化之间的误解，而不能真正理解这个特定文化中的人和行为的意义。④

本书采取主观和客观视角相互渗透的景观主义方法来研究民俗游戏，可以兼顾客观描述和主观理解（设身处地的共情理解）的综合印证，既说明特定的民俗游戏是什么样子，又揭示游戏活动的主体有哪些情感体验和象征性表达，从而可以把游戏中的人性景观清晰地展现出来，使其意义结构得到澄清。这样的研究，可使文化圈外人和圈内人产生视域的融合，达到真正有效的沟通。

三、民俗游戏的研究意义

在百姓大众的实际生活中，人们追求日常事务的趣味，要过随性、欢乐、开心的

---

① 徐阳丽、陈丹：《农村传统游戏与乡野玩具的淡出与回归》，《山东教育（幼教园地）》2016 年第 11 期，第 32—34 页。

② ［美］威廉·A. 科萨罗：《童年社会学（第二版）》，程福财等，译，上海社会科学院出版社 2014 年版，第 6 页。

③ Review by：Haskell，G. H. *Emics and Etics：The Insider/Outsider.* Debate by Headland，T. N. et al. *The Journal of American Folklore*，1992，489－491.

④ Bodley，J. H. *Cultural Anthropology：Tribes，States，and the Global Systems*，Altamira Press，2004，18.

平凡日子,并不会因为宫廷的警告或者知识界的劝勉,就拒绝游戏。他们即使在繁忙的劳作之中,也会点缀一些灵动有趣的玩耍。或许因为这种无处不在的游戏精神,生活中的沉疴和疾苦才不会使人们完全丧失耐性和勇气,才会让生活显出哪怕只是星星点点的亮色和转瞬即逝的美好景致。民俗游戏是人们自我娱乐的一个重要途径,是面对艰难困苦、追求生活价值时不可或缺的一种精神财富。许多民俗游戏流传广泛,几乎不受时代或地域的限制,就像是山石间顽强生长的青藤条和灌木丛,无人浇灌,自己也会不屈不挠地生长繁衍,也会开出让人眼前一亮、感到魅力无穷的花朵。民俗中的游戏成分,或者说,充满游戏意味的民俗历史,可以成为只能看见帝王将相和朝代更替的所谓"正史"的宏大叙事的重要补充。

梁启超曾把游艺、学问、艺术、劳作称为趣味主体,认为趣味是人类社会中不可缺少的。他说:"我以为凡人必须常常生活于趣味之中,生活才有价值。若哭丧着脸活过几十年,那么,生活便成沙漠,要他何用?"①从梁启超的这段话来看,缺少游艺,人生便失去光彩,失去风趣,失去价值。生动活泼、丰富多彩的游艺活动,有益于人的身心健康,能够激发人的才能,锻炼人的能力,启迪人的智慧。

人生需要活力、趣味、自由、韵致、灵动、意义、闲暇、乐趣,因此需要游戏;任何人为的禁闭、忌讳、压制,都只能取得局部和暂时的成功,而不能完全杜绝游戏。只要人类不灭,生活不停歇,游戏的力量总会占上风。

林语堂说:"我认为文化本来是闲逸的产物。所以文化的艺术就是悠闲的艺术……过于劳碌的人决不是智慧的,善于悠游岁月的人才是真正有智慧的人。"②

根据人类学的研究,历史悠久而且长期传承的民俗实践,例如原始部落流传下来的泛灵信仰和仪式,作为公共精神载体的庆典和祭祀,具有某种"魔法"力量的巫术、图腾和禁忌,以及流传久远的各民族神话、口述历史和传说,都对社会群体归属感和生命共同体的形成起着极其重大的凝聚作用。③

游戏既具有自身发展的特殊轨迹,又是了解历史的窗口。了解中国游戏的发展史,是了解中华民族悠久灿烂文化的重要组成部分。游戏的悠久历史,对人类自身存在、精神延续和创造更新的不朽价值,值得我们从更加宽广的视野加以仔细审视。而中国文化源远流长,拥有上下五千年的资源宝库,我们必须对自己的这份家产认真清点,加以高度珍视,只有这样,我们才敢说自己不会愧对列祖列宗,我们的游戏

① 梁启超:《饮冰室合集(第 14 册)》,中华书局 2015 年版,第 3749 页。
② 林语堂:《生活的艺术》,安徽文艺出版社 1988 年版,第 131 页。
③ Bowie, F. *The Anthropology of Religion: An Introduction*, Blackwell, 2006, 39.

研究才不会只是拾人牙慧,成为西方学术的零星注脚。

中华文明是世界上最古老、最有特色、生命力最为顽强而持久、绵延几千年而仍然鲜活的文明。中国的民俗游戏历史悠久、流行广泛,是社会各民族、各阶层、各时代百姓的共同创造,反映了人们普遍的行为准则、审美情趣、思想智慧,内涵十分丰富,形态千变万化,是我们民族的宝贵文化遗产。今天的中国人,从总体上说,乃是脱胎于历史的时代产儿,如果不能理解其文化母体的格局,就无从理解当下人群的基本气质。作为中国人,我们的精气神有何特色? 这些特色又从何而来? 其中,民俗游戏的影响和渗透作用又有哪些值得注意之处? 这些很有意思的问题,值得我们进行必要的刨根问底的探索、推敲。

我们国家曾经出现过一股疑古、斥古、挖坟、掘根的全盘否定民族文化的潮流。其中一个大偏见,就是认定早期的人类心灵很幼稚,甚至是智力低下;原始的魔力思维和巫术实践属于精神病症状;在现代的科学(今天的西方主流科学)面前,所有这些牛鬼蛇神都要被统统破除,打扫干净。这样的论断与历史事实完全不符。文化人类学家鲍德利(Bodley)的研究表明,每个原始部落族群都具有自己独特的文化资源和知识体系,而这些物质和精神的财富在日常生活中不断得到检验和丰富、提升,不断增强其生活有效性和生态适应性。[①]

民俗游戏不是"幼稚的低级的行为",而是文化传承的重要载体。整理和研究民俗游戏,对于我们今天的社会文明和精神文明建设,具有不可忽视的意义。幼儿身心发展的跨学科研究,教育资源的开发与课程设计,游戏与动漫产业,体验经济与信息革命,等等,都有赖于学术、思想、教育、休闲等领域的开放、探究,以及高屋建瓴式的引领和培育。游戏与工作,轻松与严谨,享乐与创造,逍遥与承担,本来就不是对立的范畴,而是可以并行不悖的价值维度。在后工业、后现代社会,跳脱传统思维的局限,以新颖的眼光来重新审视民俗游戏的遗产,具有启迪创新、促进可持续发展的现实意义。

游戏精神的复兴,可以从认真的游戏研究开始!

第二节　民俗游戏的源流

复演理论认为个体的儿童期会重复整个人类早期的发展阶段,故而可以通过幼

---

① Bodley, J. H. *Cultural Anthropology*: *Tribes*, *States and the Global Systems*, Altamira Press, 2004, 173.

儿个体行为来推演人类幼稚期发展的大致情形。以此推论,成人的性格在童年期就有一定的轨迹可循;而人类晚近的艺术、劳动、科学技术、宗教活动的成熟形态,亦可能萌芽于早期未分化的原始状态的游戏活动。

我们自己的观察可以印证游戏与生俱来:婴儿期身体的机能性活动具有游戏的特征。回顾人类历史,似乎可以论定:人类诞生之初也就有了游戏。关于民俗游戏的早期渊源,有学者提出了自己的猜测:游戏起源于巫术和宗教、生产劳动、军事。[①]

原始社会离我们过于久远,很难得知那时人们的生活全貌。然而,考古发现的石球、陀螺、岩画等物,仍然留下了古人游戏的痕迹。

一、旧石器时代的玩(工)具

贵州黔西县观音洞出土的砍砸器与山西阳高县许家窑出土的石球,都是旧石器时代的产物,都有可能兼具工具与玩具的功能。砍砸器(见图 2-1)长约 12—13 厘米,石球(见图 2-2)直径 5—10 厘米不等。

图 2-1　砍砸器　　　　　图 2-2　石球

对于这两种文物,有两种猜测。一种猜测是:人类只是把石头当成玩具,把玩或投掷,进而制作出砍砸器与石球,并将其作为工具用于狩猎、砸坚果等劳动活动。另一种猜测是:当成年原始人将砍砸器、石球等作为工具使用时,儿童可能会拿它们作为玩具,模仿成年原始人的活动。在这两种情况下,石头的玩耍功能都是很明显的。

二、新石器时代的玩具

属于新石器时代的西安半坡遗址中,有一个三四岁时去世的女孩墓中出土了 3个石球和 1 个陀螺。[②] 石球和陀螺很可能是女孩生前的玩具。如果这个推论成立,那么旧石器时代的石球也可能具有玩具的属性。

---

① 钟敬文:《民俗学概论》,上海文艺出版社 2010 年版,第 366 页。
② 王宏凯:《中国古代游艺》,中国国际广播出版社 2010 年版,第 5 页。

浙江省博物馆收藏有名为"新石器时代椭圆圜底小玩具"的一级文物(见图2-3)，其孔洞表现出十分明显的玩具属性。可以推测：至少从新石器时代起，人类已经开始有了游戏行为。

图 2-3　椭圆圜底小玩具

三、远古岩画遗存

古代岩画是书写在自然石、石龛、石洞中的文化记录和人类记忆，是人类先民古老文化、悠久历史、生存回忆的记录。其中的欢庆类岩画充满了欢乐气氛，虽然古代生产力低下，生活水平和能力有限，但仍不乏盛大的节日、热闹的欢庆，以及动人的场面。生活中的主旋律——奋斗、进取、开拓、爱情和胜利——都不会少了欢庆这个润滑剂。虽然宗教和祭祀有时会很庄严、肃穆甚至肃杀，但仪式过后便是狂放与欢庆的歌舞。这些虽不是游戏的直接证据，但是印证了人类早期生活中游戏精神的存在。①

早期人类除了衣食住行的需求之外，还要有情感娱乐和精神寄托，而早期的精神性活动并未明显分化出界限清晰的活动类别，我们不能用今天的眼光，硬性区分当时的巫术、医疗、艺术、游戏活动。这一大类活动都与实用性的劳作和战争行为有所区别，涉及个体的精神性需要和情感满足，蕴含着群体共同生活中的文化架构的丰富意义。我们今天不能用成人的标准来评判儿童的游戏和游戏中的儿童，同样，也不能用现代人的标准来衡量古人的游戏和游戏中的古人。当然，在研究中我们需要对个体心理层面和群体社会层面的不同，仔细加以甄别。例如，远古时代的岩画，究竟是个人的即兴创作，还是群体共同协调的活动结果？古代陶艺作品上的图案，是匠人的随心而为，还是部落图腾的严谨再现？这些都是需要探究明白的重要问题。

① 李祥石：《走进岩画》，宁夏人民出版社2014年版，第4页。

游戏在人类历史早期就有了，并在人类发展史上留下了痕迹。食不果腹的人类对于游戏有着难以抑制的热情，以至于在生产力低下的境况中，仍然专门制作了没有多少实用价值、只是适于游戏及娱乐的玩具与岩画。这说明，游戏，是远古人类精神需求的直接体现。

从夏朝至春秋时代，随着原始社会进入中古社会，社会生产力提高，物质资源更加富足，闲暇时间更为宽裕，有钱有闲的阶级对游戏有了更多的热情，游戏也得到了更大的发展，这种状况从现存史料里也可以看出。

甲骨卜辞中对王参加田猎活动有大量的记述，后人考证"殷王好田猎，屡有连日从事田游之事……然足见殷时之田猎已失去其生产价值，而纯为享乐之事矣"。[①] 不排除打猎活动里的军事成分，但当打猎从谋生手段转变为享乐刺激时，也就完成了从工作到游戏的转化。

《诗经》中有"射夫既同，献尔发功。发彼有的，以祈尔爵"[②]的记载，包含了通过比赛射箭来罚对手喝酒的意思，此时的射箭也是一种游戏。游戏的悠久历史从上述记载中可以得到确凿的印证。

近古游戏发展的时代特征，集中体现在游戏的自发娱乐性和道德性、规范性之间的力量消长和变迁上。

四、战国至汉朝：游戏道德性的确立

《孟子》将博弈视为不孝的第二种组成部分："世俗所谓不孝者五……博弈好饮酒，不顾父母之养，二不孝也。"[③]孟子认为，喜欢博弈、饮酒，不顾父母的生活，这是不孝子的行径。孟子固然未将博弈一棒子打死，但仍将其与不良品质相提并论。在孟子看来，娱乐需为道德规范让步。

《礼记》是儒家重要的典章制度类书籍，规定了生活中饮食之礼、丧礼、婚礼、射礼等各种礼制，就连对有些游戏也规定了种种礼仪，其中专门有一章就是《投壶》。投壶本是一种投掷游戏，即在场地中央放置一个壶，人们向壶中投掷箭杆。《礼记》规定投壶必须遵循严格的礼仪程序：

---

① 郭沫若著作编辑出版委员会：《郭沫若全集·考古编·第二卷·卜辞通纂》，科学出版社 1983 年版，第 540 页。

② 周家丞：《诗经全解》，言实出版社 2019 年版，第 426 页。

③ 孟子：《孟子译注》，杨逢彬译，华东师范大学出版社 2018 年版，第 141 页。

投壶之礼：主人奉矢，司射奉中，使人执壶。主人请曰："某有枉矢哨壶，请以乐宾。"宾曰："子有旨酒嘉肴，某既赐矣。又重以乐，敢辞。"主人曰："枉矢哨壶，不足辞也，敢（固）以请？"宾曰："某既赐矣。又重以乐，敢固辞！"主人曰："枉矢哨壶，不足辞也。敢固以请！"宾曰："某固辞不得命，敢不敬从？"宾再拜受，主人般还，曰："辟。"主人阼阶上拜送，宾般还，曰："辟。"已拜，受矢，进即两楹间；退反位，揖宾就筵。

司射进度壶，（间以二矢半）反位；设中东面，执八算兴。请宾曰："顺投为入，比投不释，胜饮不胜者。正爵既行，请为胜者立马。（一马从二马。）三马既立，请庆多马。"请主人亦如之。命弦者曰："请奏《狸首》，间若一。"大师曰："诺。"

左右告矢具，请拾投。有入者，则司射坐而释一算焉。宾党于右，主党于左。

卒投。司射执算曰："左右卒投。请数。"二算为纯，一纯以取；一算为奇。遂以奇算告，曰："某贤于某若干纯。"奇则曰"奇"，均则曰"左右钧"。

命酌曰："请行觞。"酌者曰："诺。"。当饮者皆跪奉觞曰："赐灌。"胜者跪曰："敬养。"

正爵既行，请立马。马各直其算，一马从二马，以庆。庆礼曰："三马既备，请庆多马。"宾主皆曰："诺。"

正爵既行，请彻马。

算多少视其坐。筹，室中五扶，堂上七扶，庭中九扶。算：长尺二寸。壶：颈修七寸，腹修五寸，口径二寸半，容斗五升。壶中实小豆焉，为其矢之跃而出也。壶去席二矢半。矢，以柘若棘，毋去其皮。

鲁令弟子辞曰："毋幠，毋敖，毋偝立，毋逾言。偝立、逾言有常爵！"薛令弟子辞曰："毋幠、毋敖、毋偝立，毋逾言。若是者浮！"

鼓：○□○○○□□○□○○　半　○□○□《○○○□□□○□——鲁鼓。
○□○○○□□○○□○○○□○○□○□　半　○□○○○□□○——薛鼓。取"半"以下为投壶礼，尽用之为射礼。

司射、庭长及冠士立者皆属宾党，乐人及使者、童子皆属主党。

鲁　鼓：　○□○○○□□○　半　○□○□○○○□□○。薛　鼓：○□○○○□○□○○○○□○○□　半　○□○○○○○□○。①

---

① 孔子：《礼记》，郑玄注、陈戊国点校，长沙：岳麓书社 2006 年版，第 450—451 页。

这样的投壶,仪式感十足,但举手投足之间都需符合儒家的行为规范,很难说还有多少娱乐的意味。在人们的生活中,这些文字规定的实际影响,可能大打折扣。在战国时期,列国纷争不断,礼崩乐坏,道德教化的总体格局也是分崩离析。秦国统治时间太短,再加上注重法家治术,未能建立道德规范的秩序。到了汉朝,儒家思想逐渐成为正统思想,游戏也被儒家赋予了道德教化的责任。①

五、魏晋至唐朝:游戏道德性的淡化

魏晋以后,局面又发生了变化,游戏的道德性明显淡化,娱乐性游戏大行其道,重道德教化的游戏则不太受人们欢迎。

北魏侍中游肇认为以杀伐进攻为取胜之道的下棋不符合儒家思想,于是发明"儒棋",以温良恭俭让为宗旨。然而这种讲求退让的迂腐棋毫无乐趣可言,所以无人问津。

《五杂俎》中写道:

> 至魏游肇制儒棋,有仁义礼智信之目,则益令人呕哕不堪。戏者,戏也,若露出大儒本色,则不如读书矣。

那段历史时期,儒家思想受到冷遇,与当时的社会思潮有关。晋代文士喜欢谈玄,唐代宫廷甚至出现子娶父妾、父娶子妻的事情,这些都与儒家礼法大相径庭。开放的唐朝并不"独尊儒术"。

六、宋代至明清:游戏道德性的恢复

宋代从立国之初就重视文治,推崇儒家。在重振伦理纲常的大形势下,立德成为宋代士大夫实现人生价值的首要目标。② 这种注重道德精神的理念体现在日常生活的各个方面,游戏也重新强调道德性。《棋经十三篇》云:

> 胜不言,败不语。振廉让之风者,君子也;起忿怒之色者,小人也。③

---

① 李屏:《中国传统游戏研究——游戏与教育关系的历史解读》,山西教育出版社 2012 年版,第 43 页。
② 郭学信:《时代迁易与宋代士大夫的观念转变》,《文史哲》,2000 年第 3 期,第 65—70 页。
③ 张学士:《棋经十三篇》,诸葛潜潜编著,中华书局 2010 年版,第 187 页。

就连骨牌，都将牌名与天文、地理、人伦、道德、节物、器用等一一对应，牵强附会出骨牌包含着无限奥妙。清代陈元龙《格致镜原》记载：

> 诸事音考。宋宣和二年，有臣上疏设牙牌三十二扇，共记二百二十七防，以按星辰布列之位。譬天牌二扇二十四点，象天之二十四气；地牌二扇四点，象地之东西南北；人牌二扇十六点，象人之仁义礼智，发而为恻隐羞恶，辞让是非；和牌二扇八点，象太和元气，流行于八节之间；其他牌名，类皆合伦理庶物器用。

即使玩游戏，也一定要做君子，行为必须合乎道德要求，甚至游戏中的数字都要合乎某种经典说法。这都反映出一种对于自由游戏的警惕态度。

明朝时期，城市化进程和商业文明得到较大发展，推动了人们的生活趋于娱乐化，游戏活动的内容和功能趋于世俗化。[1]　这些趋势，在明代众多小说中都有反映。

到了清朝，由于统治者实行高度的文化集权，自由活泼的游戏精神受到一定抑制。

第三节　民俗游戏的分类

如何分析和分类传统的民俗游戏？民俗游戏的分类方式并无统一标准，分类方法往往依从于研究的目的，呈现多样化的态势。现将具有代表性的观点介绍如下。

一、三分法

智能游戏、体能游戏、智能与体能相结合的游戏。[2]
巫术游戏、占卜游戏、社会游戏。[3]

二、四分法

儿童游戏、智力游戏、竞技游戏、赌斗游戏。[4]

---

[1]　李屏：《中国传统游戏研究——游戏与教育关系的历史解读》，山西教育出版社 2012 年版，第 260 页。
[2]　钟敬文：《民俗学概论》，上海文艺出版社 2010 年版，第 24 页。
[3]　王娟：《民俗学概论（第二版）》，北京大学出版社 2011 年版，第 172 页。
[4]　赵庆伟、朱华忠：《游戏风情》，湖北教育出版社 2001 年版，第 1 页。

三、五分法

室内生活游戏、庭院活动游戏、智能游戏、助兴游戏、各类博戏。①

四、阿尔奈—汤普森体系

阿尔奈—汤普森体系又名 AT 故事分类法,是一种以类型索引为基础的民间故事研究方法,是以基本情节类型编目的国际性分类模式。这种分类包括:身体活动的游戏(手的游戏、脚和腿的游戏、跑和追的游戏、隐藏和寻找的游戏、战斗游戏、模仿与协调的游戏、其他身体竞争性游戏)、巧用器具的游戏(手巧用器具的游戏、脚巧用器具的游戏、综合巧用器具的游戏)、智力游戏(棋类游戏、牌类游戏、解答难题游戏、语言游戏)。②

五、本书的分类体系

上述各种分类体系各自都有长处和不足,对这些分类体系的研究能够带给人思考与启迪。民俗游戏既反映了个人生活、群体生活的内在结构,也体现了人类社会历史进程的真实样态。而已有的游戏分类不能涵盖如此宽广、丰富的民俗游戏的内涵和外延,所以本书另起炉灶,在梳理资料、探寻研究路径和表现框架的过程中,初步形成了现在的分类格局。

(1)身体智慧游戏:主要突出身体运动的力量,通过体能和智力的运用,体现动作熟练性与技能技巧。

(2)逻辑和情感智慧游戏:指谜语、童谣以及棋类竞技游戏,主要体现富有民俗特色的逻辑思维和情感智慧。

(3)制作与象征游戏:指制作一个东西并相信其象征性意义真实性的游戏,蕴含着制作方面的技艺和象征性的人文意义。

(4)社会交往游戏:指参与的双方或群体在活动中致力于人际互动和沟通的游戏,主要体现社会性的心理需求和文化规范的意义。

本书关于游戏分类的基本思路是:人是处于特定自然环境、历史境遇、人际关系、精神意义系统之中的活动参与者、意义解释者和交往沟通者,因此,研究游戏不

---

① 乌丙安:《中国民俗学(第二版)》,辽宁大学出版社 1999 年版,第 343 页。
② 陈连山:《游戏》,中央民族大学出版社 2000 年版,第 39 页。

能只做单一维度的考察和分析,而必须全面且系统地观照身体、逻辑、意义象征、社会交际等诸层面。聚焦点则是人类个体与群体生命活力的展现与文化创造的结晶。我们期望通过这种视角研究中国的民俗游戏,可以更好地实现与国际学术界的平等对话,并在对话中彰显我们的民族精神和文化气质。

当然,民俗游戏是处于流动变化之中的生活实践,任何一种概念化的分类体系都难以完全符合实际情形,概括既不能周全、更不能穷尽所要研究的对象。游戏分类,只是一种不得不设的方便法门,既不能、也不应该成为规范和指导实际游戏的僵化教条。研究者对此应该有清醒的认识。本书提出的这个分类体系,主要有两个优点:一是合乎真实的历史材料的样貌;二是可以形成具有操作性的分析框架。

关于收入书中的游戏项目的选择问题,本书采取了以下的标准:

第一,简单灵活、方便好用、触手可及,随时随地都能进行。

第二,身体运动性、操作性强。

第三,群众喜闻乐见,参与广泛,普及性好。

第四,具有跨场景性,教育、休闲、比赛都可用。

第五,具有一定的体力和智力挑战性,对于现代游戏设计有启发价值,现代的电子游戏可从中汲取中国元素。民俗游戏具有教育性、审美性、趣味性、益智性、道德陶冶的价值,其精神资源可以为当代游戏设计和产业运作做贡献。

第四节　民俗游戏的主题选择

游戏研究的主题并非总是轻松愉快的。本书选择的范围尽量做到全面,对各类游戏形式和内容都有所涉猎,努力避免以偏概全。在游戏的主题或母题(motif)如何处理的问题上,本书采取了兼容并蓄的原则,没有刻意避开敏感或负面的游戏话题。

例如,权力问题。游戏是精神自由的活动,然而与权力却密不可分。包括规则的制订、遵守,以及由此带来的惩罚与奖赏,都有权力的影子。另外,谁做游戏头儿,谁做"跟班",怎么决定各自的角色,都有权力的因素。

输赢问题。规则、输赢和竞争,往往与父权话语体系有关;而帮助、理解、沟通、合作等与关怀伦理有关的要素,则往往连接着母爱话语体系。在游戏中这两方面都会有所表现。

民俗游戏的内容十分丰富,游戏的研究者认真仔细地审视人类历史上各种游戏景观的时候,会发现,其中既有欢乐、庆祝等的场景,也有压抑、心理防御相关的场景,例如战争、胜负、计谋、策略、诈术、惩罚、等级、歧视、排斥等。作为有良知、负责任的研究者,逃避、遮掩、主观任意地扭曲都是不可取的。更为适宜的做法应该是直面邪恶和残酷的现实,寻找并确认人类天性中积极的潜能和力量,寻找并确认人类生活中化解冲突、积极转化的路径。游戏就是这样一种运用积极的力量实现转化的机制,人们在游戏中可以表达需求、应对困境,学会沟通与协调,以及思考解决问题的出路和办法。研究游戏,就是研究人性。从这个角度来看,我们宁愿看到在游戏场上争胜负,也不愿意看到在战场上见死活。让这样一种深深扎根于严酷现实的美好愿景,成为人类未来的真实生活场景,恰恰是学术研究的庄严使命。

游戏研究是文化的研究,也必然是人性的研究,而且是在具体的历史和文化背景中的研究,难度可想而知。鉴于作者的研究功力和视野有限,处理起来难免挂一漏万,只求在细节和资料上有所发现、理论上有所揭示和印证,并不强求研究对象的系统整理和全面概括。

揭示和呈现民俗游戏中的人性景观,不是对游戏做出解释,不是社会学或者心理学的因果分析。本书的研究,主要是对游戏现象的呈现,游戏结构和规则的澄清,游戏玩法的记录,有关历史事实的挖掘和相关线索的提示。这样的方法是否"最好",甚至是否"恰当",作者自己也并无十足的把握,至于做得成功与否,更是不敢多想,只是有一团抛砖引玉的热心,希望引起更多研究者的兴趣。

关于游戏的作用的争论,历史上禁止人们游戏的客观事实,本书多处明确表达了自己的立场。任何试图禁止人们游戏的做法,即使暂时奏效,都不会真正成功。一切禁锢游戏、禁锢游戏精神的想法和做法,都应该谨慎考虑。

2017年,教育部于5月20日至6月20日开启"全国学前教育宣传月",主题是"游戏——点亮快乐童年",这是一个创新举措。将游戏还给儿童,让孩子动起来、唱起来、玩起来,是教育改革的根本途径和目标。现在,是时候让游戏的教育功能和心理治疗功能发挥作用了!

人在游戏中会接触各种负面情绪,如悲伤、痛苦、沮丧、嫉妒、仇恨、自卑等,或面对人性的种种负面情绪和阴影,如创伤、纠结、挫折、悔恨、防御、逃避、报复、自我欺骗等。这些都可以成为个人或群体生活磨砺的资料。游戏可以提供替代性的学习经验。比如说,在游戏中处理失败的挫折经历有助于让人学会自我解嘲的幽默,冷静分析自身缺陷,提升坚韧不拔的品质,培养胜不骄败不馁的宽广胸怀。游戏可以用于儿童的教育,也可以用于成年人的自我修养。

本书在选择游戏项目、挖掘游戏内涵、讨论游戏应用的时候,正是着眼于心理疗愈方面的考量。由于国内游戏治疗一类的专业资源严重缺失，有关的学术研究力量十分薄弱，在这个领域深入开掘，目前还有实际的困难。此外还要提醒读者：只靠读书并不能让人成为专业的心理治疗师，专业的训练和督导是不能缺少的；所以，千万不要从本书的只言片语中去推断游戏治疗的实际运作方法。希波克拉底誓言中说："不运用医学知识去违反人道。""不害人"，是医学的第一信条，也是心理治疗的第一信条。作为游戏治疗的关注者，无论是教师还是家长，都要特别警觉，杜绝因为自己知识和修为欠缺而无知妄为，以免对儿童造成伤害。

中国民俗传统文化中本来有一些可以让人得到自我疗愈的途径和手段。游戏、戏曲以及各类与生活和生产相连的风俗仪式，都具有这类心理疏导和健康维护的功能。但是由于各种历史和现实的原因，这些民族的精神宝藏并未得到足够的重视。若能唤醒大家保持清醒意识，唤醒有志者一同行动，来共同维护我们的民族传承，延续伟大的中华文化的命脉，将是一件功德无量的伟大事业。

第三章　身体智慧的游戏

　　身体智慧的游戏,是指主要突出身体运动的力量、动作熟练性和技巧的游戏。任何一种游戏,都会或多或少涉及认知的灵活性和需要一定的理解能力。因此,身体智慧的游戏也涉及多元智能的运作。运动智能与其他形式的智能不能截然分开。运动游戏也会具有体现逻辑智慧、审美情趣、社会交往、精神象征的意义。

　　充分认识中国民俗游戏的多层面综合性质,是我们研究游戏时需要特别注意的原则。

第一节　手与口的游戏

一、抓子儿:五子登科,竞以轻捷

　　抓子儿是广为流行的游戏,源于巫术中妇女求子的仪式,通常用五个子儿,寓意五子登科。随着岁月流逝,抓子儿从巫术占卜演变成了游戏活动,考验的不是生几个儿子的天命,而是手指的灵活与协调。子儿从身边的常见物品中取材,例如石子儿、桃核、杏核等。抓子儿时,随着手指手掌的灵活翻动,子儿在手中、手背飞舞,煞是好看。

　　不要小觑了这小小的子儿,它们曾承文人青眼着墨,故而在书籍中也有一席之地。明代刘侗、于奕正《帝京景物略》记载了当时北京城的风景名胜与民俗风情,文风幽雅隽洁,集历史、地理、文化于一体,其中就有女性抓子儿的记载,民俗认为正月是求子月,于是:"是月也,女妇闲,手五丸,且掷且拾且承,曰抓子儿。丸用象木银砾为之,竟以轻捷。"①这里描述了抓子儿的动作"且掷且拾且承",子儿的材质"象木银砾",以及游戏规则"竞以轻捷"。

《帝京景物略》对抓子儿的着墨不多,但 1933 年河北《沧县志》则洋洋洒洒地记载:

> 乡村小女子,拾瓷瓦碎砺,稍磨治为圆形,大如枇杷之核,其数用五,列置床笫,指捻掷空,或承以掌心,或承以掌背,或夹以指缝。五子腾起错落,在空者、在手者、在床者,变幻迷离,百端其势。啭喉细呕,以唱其手法,声之缓急,随手之势。偶有错落,则停止以让他人。斯非十三龄以下之女孩子不能为,盖其指柔而疾也。

这里详细描述了游戏者特征、子儿的制作过程、抓子儿的多种手法以及输赢的规则,让人有身临其境之感。

《沧县志》固然记载详细,但其中的"啭喉细呕,以唱其手法"只交代了抓子儿时口中会念念有词,却没细说唱诵的是什么。实际上,各地流行丰富多样的"抓子儿歌"。例如"头一年,不得闲,插双花鞋过新年;我的二,二嫂子,红绫布的夹袄子"词句的内容不一定连贯、合理,有时甚至出现毫无意义的"傻话"。而对这样一些明显的"逻辑错误",游戏者并不在乎;重要的是伴随着抓子儿的重复性动作,歌词抑扬顿挫,为游戏增添了节奏和乐感。

可能正是因为抓子儿轻捷有趣、贵贱咸宜,故而《红楼梦》中也有其身影,第64回描写宝玉从贾敬的灵堂上回到怡红院:"只见西边炕上麝月、秋纹、碧痕、春燕等正在那里抓子儿赢瓜子儿呢。"②这些有头有脸的大丫鬟们玩得高兴,平时主子小姐有没有可能玩上一把,我们不得而知。不过,"象木银砾"中包含的象牙等高档材质可能正是为贵族女性准备的。从这类游戏的常见性可以推想,旧时代大家庭中的女性并不都是整天摆着面孔、冷漠无趣,她们的生活中也充满了富有情思的玩乐和趣味。毕竟,生命自身的固有力量总要顽强地表达出来,桎梏和压抑并不能永远占上风。

二、打花巴掌:句句押韵,朗朗上口

打花巴掌的"花"意味着边念儿歌边拍手,而且拍手有节奏,这与干巴巴的拍掌

---

① 刘侗、于奕正:《帝京景物略》,孙小力校注,上海古籍出版社 2001 年版,第 101 页。
② 曹雪芹:《红楼梦》,中国华侨出版社 2018 年版,第 497 页。

不同。歌谣越念越快，小巴掌打得越来越"花"，考验手口协调能力。打花巴掌深受各地儿童欢迎，人们对这样的场景都不陌生：两个儿童对坐，边念儿歌边拍手，若手拍错了节拍或嘴念错了儿歌则要受罚。不只现在的人们喜欢，早在唐代就有"打麦，麦打。三三三，舞了也"《新唐书·五行志》曰："元和初童谣，既毕乃转身曰：'舞了也。'"①宋代高承《事物纪原》第九卷中记载："今俗儿戏有打麦，鼓掌作打麦声，后必三拍之。"②明确说明了儿童念着打麦歌谣来拍花巴掌。

打花巴掌时常念的童谣多半与数字相关，从一到五，从一到十，或从一月到十二月。《十二月歌》就是此例：

> 正月要把龙灯耍，
> 二月要把风筝扎，
> 三月清明把柳插，
> 四月牡丹正开花，
> 五月龙桥下河坝，
> 六月要把扇子拿，
> 七月双星桥上会，
> 八月中秋看桂花，
> 九月重阳登高去，
> 十月初十打糍粑，
> 冬月天寒要烤火，
> 腊月过年把猪杀。③

该歌谣反映了传统的民俗风情，而且句句押韵，富于节奏之美。

与此类似，"巴巴掌"在成都方言中是"鼓掌、拍手"的意思，那里儿童拍手时念的内容是：

> 巴巴掌，油煎饼，你卖胭脂我卖粉。
> 卖到成都折了本，买个骨头大家啃。

---

① 转引自 郭茂倩：《乐府诗集（下）》，中华书局 2019 年版，第 1288 页。
② 陶冶：《拍手》，《文史哲》，1994 年第 3 期，第 97—99 页。
③ 金波：《传统童谣·开城门》，朝华出版社 2018 年版，第 3 页。

啃又啃不动,丢到河里嘣嘣嘣。

歌谣里的故事情节充满了幻想,诙谐幽默,念诵起来朗朗上口。

拍手时所念的歌谣讲究押韵,节奏明快。歌词的内容既与生活相关,又掺杂着丰富的想象。实际上,歌词需为韵脚服务,而词意本身的逻辑则不必过于细究。好玩、有趣是其中的核心内涵,这也是吸引古往今来广大儿童的根本原因。

三、斗虫儿:朴素清新有韵律

斗虫儿是常见的亲子游戏,通常是孩子坐在大人的膝头,大人握着孩子的手,用孩子的两个食指玩游戏。伴随着歌谣,孩子的食指或碰触或分开,有节奏地活动。各地斗虫儿内容有不同版本。重庆的有:

斗虫虫,虫虫咬手手;

虫虫,虫虫,飞!飞!飞!

【注】这是小孩以两手手指相碰而唱的游戏歌。[1]

歌谣后还附记游戏的玩法:"游戏时,大人抱婴儿坐怀中,引小孩双手食指尖互碰,边碰边唱,唱到'飞'时,双手迅速分开。"

1932年,赵焕筠的《春明儿歌集》里也记载着斗虫儿的儿歌:

逗虫逗虫飞,拉屎一大堆。

大虫往家跑,小虫后头追。

【注】这歌是母亲握着小孩子的两手,斗着小孩子的两只食指唱的。[2]

这首儿歌更加朴素与原生态,风格仿若元末明初杨景贤杂剧版《西游记》里孙悟空登山观景的台词:"这座山不知有多少高,待我去量一量。〔上山科〕好高山,好明月。我且阿一堆屎。"在描述动物时,不避讳排泄,接地气的同时,以粗俗、泼辣的方式展示着生命的狂野。

---

① 纪玲妹:《民国歌谣集》,南京师范大学出版社2018年版,第16页。
② 赵焕筠:《春明儿歌集》,书林书局1932年版,第62页。

四、点手指唱歌：我的小手有故事

人类在年幼的时候相信万物有灵，总是赋予各种物体以生命，这种现象在人类群体早期（原始社会）以及人类个体早期（婴幼儿）都普遍存在。"大拇哥、二拇弟"的表述在无形中契合了孩子的这种心理状态：大人给孩子的手指等各部位取名字，然后握着孩子的一只手去点孩子身上的不同部位，边点边唱。

美国传教士何德兰在《孺子歌图》中记载了流传于老北京的点手指歌谣：

> 大拇哥，二拇弟。钟鼓楼，护国寺。小妞妞，爱听戏。①

其中，大拇哥指的是孩子的大拇指，二拇弟是食指，钟鼓楼是中指，护国寺是无名指，小妞妞是小拇指。

有一些歌谣加上了戏谑意味：

> 大拇哥，二拇弟，钟鼓楼，护国寺，小妞妞。
> 手棋盘儿，胳臂腕儿，挎肘篮儿，挑水担儿，
> 饭饱儿，闻香儿，亮灯儿，毛毛虫，天灵盖，
> 小蒲扇儿，单打××后脑瓢儿！②

除了前文所述的手指名称，后面的手棋盘是指手掌，胳臂腕是指手腕，挎肘篮是指手肘，挑水担是指肩膀，饭饱儿是指嘴巴，闻香儿是指鼻子，亮灯儿是指眼睛，毛毛虫是指眉毛，天灵盖是指头顶，小蒲扇儿是指耳朵，后脑瓢儿就是后脑勺。这个版本是从幼儿的手指一路向上到头部，唱到最后一句"单打××后脑瓢儿！"时，还要在孩子的脑后轻轻拍打一下。与上个版本相比，该版本更加富有劳动气息和生活气息，也更贴近普通百姓的生活场景，例如："挎肘篮""挑水担"的说法加入了手肘和肩膀在劳动中的作用，"饭饱儿""闻香儿"点出了嘴巴和鼻子感官的作用，"毛毛虫""小蒲扇儿"则是从外形相像的角度描写。

幼儿喜欢与大人像这样互动，即便每次唱到最后都被拍打一下，也仍旧乐此不

---

① 何德兰：《孺子歌图》，徐晓东译，浙江人民美术出版社 2017 年版，第 128 页。
② 王文宝：《北京民间儿歌选》，浙江人民出版社 1982 年版，第 24 页。

疲。这种游戏能够帮助儿童熟悉身体的不同部位乃至其功能，能起到教育的作用。

与此类似，各地还流行着数孩子手指"上螺"和"簸箕"的游戏。通常将能形成完整、闭合圈圈的指纹命名为螺，反之则为簸箕。关于螺和簸箕的歌谣有不同版本，安徽休宁唱的是：

> 一螺贫，二螺富，三螺开当铺。
> 四螺作买卖，五螺卖买作。
> 六螺六合，七螺做贼，八螺挖掘。
> 九螺打死人，十螺卖老婆。

江苏淮安的版本是：

> 一螺巧，二螺拙，三螺四螺不用说。
> 五螺六螺骑红马，七螺八螺有官做，九螺十螺开当铺。①

上海青浦的版本是：

> 一螺巧，二螺转，三螺回勿转。
> 四螺拖棒槌，五螺富，六螺穷，七螺做相公。
> 八螺骑白马，九螺挑担卖胡葱，十螺做长工。②

各地流行的歌谣不同，但都隐含着父母对孩子未来的期望和不安。为了缓解这种因未来不可预知而产生的焦虑，父母们发明各种办法来卜算，比如：怀孕时用孕妇的口味、步态乃至做尿布时家中来客的性别来预测生男或生女，用抓周来预测孩子的未来职业，用拿筷子的长短来预测女儿是否远嫁等。尽管父母心中也清楚这种卜算是不准确的，但是仍然会这样做，仿佛给孩子看手相、面相似的，用类似巫术的神秘来对抗未来世界的不可预测性，可以让其感到些许心安。

---

① 纪玲妹：《民国歌谣集》，南京师范大学出版社 2018 年版，第 328 页。
② 《中国歌谣集成·上海卷》编辑委员会：《中国歌谣集成·上海卷》，中国 ISBN 中心出版社 2000 年版，第 394 页。

五、拉大锯:拉来扯去的乐趣

拉大锯的游戏常常由大人拉着孩子的双手,两人一拉一送的仿佛锯木头般边拉边唱。拉大锯的歌谣有很多,根据歌词的重点,可以粗略地分为两种,一种描写对食物的喜爱,另一种描写对去外婆家做客的喜悦。

(一)垂涎食物的拉大锯

对食物的喜爱是人的本能,赵焕筼的《春明儿歌集》里就有这样一首:

> 拉大锯,扯大锯。锯木头,盖房子。
>
> 盖房子,娶娘子。搭大棚,挂大彩。
>
> 羊肉包子往上摆,不吃不吃,吃了一百。①

这里的"不吃不吃"不是真的不吃,而是有着两种含义:一种是即便心里再想吃,嘴上也要谦虚推让着说"我不吃",这是中国的传统文化;另一种是"即便没怎么吃"的意思,就如同《红楼梦》里金寡妇对金荣说:"那薛大爷一年不给不给,这二年也帮了咱们七八十两银子。"②意思是即便没怎么帮也帮了不少。故而,综合起来看,"不吃不吃,吃了一百"的意思就是:即便推让着说不吃,即便没怎么吃,还是吃了一百个。

另有类似歌谣:

> 拉大锯,扯大锯,锯木头,盖房子;
>
> 盖上房子娶娘子。
>
> 搭大棚,挂大彩,羊肉包子往上摆。
>
> 猪肉片儿,好大块儿,羊肉打卤过水面儿,
>
> 不吃不吃两碗半儿。③

这首歌谣更加贴近"吃货"本色:后面另增加了"猪肉片儿""羊肉打卤过水面儿",使得食物清单更加丰富,最后的结果就是"不吃不吃两碗半儿"。当然,"不吃不

① 赵焕筼:《春明儿歌集》,书林书局1932年版,第68页。
② 曹雪芹:《红楼梦》,无名氏续,脂砚斋批,三秦出版社2020年版,第105页。
③ 王文宝:《北京民间儿歌选》,浙江人民出版社1982年版,第30页。

吃吃了一百"和"不吃不吃,两碗半儿"都具有调侃、夸张的样子,可是对食物的喜爱之情却是藏也藏不住的。

《西游记》第 85 回中,孙悟空为了让猪八戒去打妖怪就骗他说:"村上人家好善,蒸的白米干饭,白面馍馍斋僧哩。"八戒单纯地相信了,还问悟空吃了斋没有,当听悟空说"吃不多儿,因那菜蔬太咸了些,不喜多吃"时,八戒道:"啐! 凭他怎么咸,我也尽肚吃他一饱! 十分作渴,便回来吃水。"悟空又骗八戒:"兄弟,他那里斋僧,只斋俊的,不斋丑的。"八戒便"摇身一变,变做个矮瘦和尚。手里敲个木鱼,口里哼阿哼的,又不会念经,只哼的是上大人"。前面的妖怪早就严阵以待,可怜的吃货八戒果不其然"被群妖围住,这个扯住衣服,那个扯着丝绦,推推拥拥"。八戒搞不清楚状况,还以为是村里人热情斋僧,就说:"不要扯,等我一家家吃将来。"①

八戒是个老实人,为了一口吃的就主动提出去探路,又是变形又是"念经",连师父都欢喜地夸他:"好啊! 你今日却怎肯这等勤谨? 快去快来。"而且,八戒并没有想吃山珍海味,他被菩萨点化后就吃素了,心里想的只不过是"白米干饭,白面馍馍"罢了,即使"菜蔬太咸",也不挑剔。既然普通的米饭馍馍对天蓬元帅都有着致命的吸引力,那么,香喷喷的羊肉引得孩子垂涎欲滴,也是合乎情理的。

(二)去外婆家做客的拉大锯

去外婆家做客往往是开心的,拉大锯自然也少不了这样的童谣:

> 拉大锯,扯大锯,
> 姥姥家,唱大戏。
> 接姑娘,请女婿,
> 小外孙女你也去。②

这首童谣有着温文尔雅的清丽之风,而另有版本则更加戏谑:

> 拉大锯,扯大锯,姥姥门上唱大戏。
> 接闺女,叫女婿,就是不要小妞去。
> 小妞跟着跑,当道拾了个花子袄。

---

① 吴承恩:《西游记》,万卷出版社 2018 年版,第 802—803 页。
② 金波:《传统童谣·不倒翁》,朝华出版社 2018 年版,第 11 页。

扔了吧，可惜了。穿上吧，虱子咬。

撕啦撕啦做棉袄。

类似不怕困难的版本还有：

拉大锯，扯大锯，

姥姥家里唱大戏。

接姑娘，请女婿，

就是不让冬冬去。

不让去，也得去，

骑着小车赶上去。①

这里的冬冬可能是小外孙，不过这个小外孙去姥姥家似乎不是受邀请的，大家故意逗他不让他去，但他自己骑着小车也要赶上去，倒是皮实好养活。

唱着唱着，垂涎食物的拉大锯和去外婆家做客的拉大锯的童谣就合体了：

拉大锯，扯大锯，姥姥家，唱大戏。

接姑娘，挨女婿，小外甥，也要去，

没饭吃，给你一个鸡蛋吃。②

而有些孩子可不是一个鸡蛋就能打发的：

拉大锯，扯大锯，姥姥家，唱大戏。

接闺女，请女婿，小外孙子也要去。

今儿搭棚，明儿挂彩，羊肉包子往上摆。

不吃不吃吃二百，二百不够加一百六！③

在这首歌谣中，"娶娘子"的戏份去掉了，而吃的数量多："不吃不吃吃二百，二百

---

① https://zhidao.baidu.com/question/2017272201276818028.html，2023-01-12。

② 王桂华：《中国民间游戏》，毛用坤绘图，上海教育出版社2000年版，第55页。

③ 王文宝：《北京民间儿歌选》，浙江人民出版社1982年版，第30页。

不够加一百六!"以这种吃法,小外孙子在姥姥家自然"不受待见"地被各种调侃了。

现在木匠拉锯的场景已极为少见了,很多幼儿可能都不知道拉锯是干什么的。羊肉包子、羊肉面也不稀奇了,唯有歌谣中的优美旋律以及亲子之情还能对幼儿构成吸引力。正如赵焕筠《春明儿歌集》卷首语里所说:

> 当我们在小孩子的时代,我们那仁慈亲爱的母亲,一面在教给我们做许多的表情,一面在教给我们唱许多的歌曲……我们见了,听了,觉得十分有趣,便也照样的做起来,唱起来;并且永久的记在脑子里。从此遇到寂寞的时候,或是快乐的时候,我们便很自然,很得意地唱起来。

童年时在精神上被富养、被接纳、被关爱的儿童,长大后遇到人生挫折时,也更多一份坚韧的力量源泉。

第二节　脚的游戏

一、蹴鞠:往昔辉煌今落寞

蹴是踢的意思,鞠是球的意思,蹴鞠即为踢球。虽然目前中国男足在世界上的排名不够靠前,但是足球的前身"蹴鞠"在我国却有着悠久的历史,传说始于黄帝时代。《史记》中,苏秦游说齐宣王时讲到"临淄甚富而实,其民无不吹竽鼓瑟,弹琴击筑,斗鸡走狗,六博蹹鞠者"。[1] 蹹鞠、蹴球、蹴圆、筑球、踢圆等都是蹴鞠的别称,皆指踢球的意思。《史记》记载霍去病喜欢蹴鞠,《史记索隐》对此进行了详细拆解:"今之鞠戏,以皮为之,中实以毛,蹙蹋为戏。刘向别录云:'蹹鞠,兵势,所以陈武事,知有材力也。'"[2]可见,霍去病踢的球是兽皮缝制,中间填充了毛发。后来,鞠从毛发填充改良为以空气填充,如唐朝仲无颜《气球赋》记载:"气之为毬,合而成质,俾腾跃而攸利,在吹嘘而取实。尽心规矩,初因方以致圆,假手弥缝,终使满而不溢。"[3]制作工艺越来越成熟,技巧也越发精湛。

中国古人喜欢蹴鞠,据说宋朝权臣高俅就是因蹴鞠而发迹,这也可从侧面印证

---

[1]　司马迁:《史记(下)》,北京燕山出版社2017年版,第585页。
[2]　司马贞:《史记索隐》,陕西师范大学出版社2018年版,第379页。
[3]　翁士勋:《说"毬"》,《成都体育学院学报》,1990年第4期,第19—22页。

蹴鞠在宋朝是多么的有影响力。明代沈榜曾任顺天府宛平县知县,收集政治、经济、历史地理、风俗民情、人物遗文等资料汇编成《宛署杂记》,其中记载了蹴鞠高手的事迹:"郭讳承义,幼不乐拘检,自舍身为显灵宫道士。时以踢毬自娱,久之惯熟,遂为一时绝技。或自弄一毬,能使毬沿身前后上下终日飞动不堕;或兼应数毬,能随诸敌人缓急轻重,应接不谬。"①道士给人的感觉理应是道骨仙风,与蹴鞠毫不相干的,然而连道士都能踢得这么好,可见当时人们对蹴鞠的喜爱度。高士奇是清初的文学家、高官,学问广博,在《金鳌退食笔记》中记载了冰上蹴鞠:"以皮作毬,掷于空中,俟其将堕,群起而争之,以得者为胜。或此队之人将得,则彼队之人蹴之令远。喧笑驰逐,以便捷勇敢为能……所著之履,皆有铁齿,行冰上不滑也。"②这种冰上蹴鞠不仅要求站得稳、跑得动,还要有战术,"或此队之人将得,则彼队之人蹴之令远",不能不说是巨大的考验。

蹴鞠广受欢迎,无论大人、幼儿、男人、女人都可以玩。郭泮溪在《民间游戏与竞技》中考证:"我国女子蹴鞠活动在汉魏时出现,到了唐代就已很常见了。"③明代王世贞《潘将军失珠》也有相关描写:"有三鬟女子,年可十七八。衣装褴褛,穿木屐,立于道侧槐树下。值军中少年蹴鞠,接而送之,直高数丈。于是观者渐众。"意思是:有一个十七八岁少女,头上梳了三鬟,衣衫褴褛,脚穿木屐,在路旁槐树之下,和军中的少年士兵踢球为戏。士兵们将球踢来,她一脚踢回去,总是将球踢得直飞上天,高达数丈,脚法神妙。人们纷纷围观。

唐代诗人王建反映宫中生活的百首《宫词》中,有一首就描写了宫女蹴鞠:

> 宿妆残粉未明天,总立昭阳花树边。
> 寒食内人长白打,库中先散与金钱。④

诗中描绘宫中女子在寒食节清晨即起,进行"白打"运动,并为此领取宫库银钱的情形。"白打"即蹴鞠,是唐宋时期踢足球的一种形式。"白打"的游戏方法为两人对踢或多人对踢。"白打"不设球门,不以对抗性竞争为主,而是讲究踢球的技艺,以踢出各种花式为能事。关汉卿的两首越调《斗鹌鹑·女校尉》都有关于女子"白打"

① 沈榜:《宛署杂记》,北京古籍出版社 1983 年版,第 299 页。
② 高士奇:《金鳌退食笔记》,北京出版社 2018 年版,第 118—119 页。
③ 郭泮溪:《民间游戏与竞技》,中国社会出版社 2006 年版,第 40 页。
④ 刘玉红:《王建〈宫词〉与唐代宫廷游艺习俗》,《文史杂志》,1999 年第 4 期,第 34—36 页。

的描写,其中一首是在【寨儿令】、【尾】中有描写:

【寨儿令】得自由,莫刚求,茶余饭饱邀故友;谢馆秦楼,散闷消愁,惟蹴踘最风流:演习得踢打温柔,施逞得解数滑熟,引脚蹑龙斩眼,担枪拐凤摇头;一左一右,折叠鹘胜游。

【尾】锦缠腕叶底桃鸳鸯扣,入脚面带黄河逆流,白打赛官场,三场儿尽皆有。①

另一首则通篇都有涉及:

【斗鹌鹑】蹴踘场中,鸣珂巷里,南北驰名,寰中可意,夹缝堪夸,胞声尽喜。那唤活,煞整齐,款侧金莲,微那玉体,唐裙轻荡,绣带斜飘,舞袖低垂。

【紫花儿】打得个桶子膁特硬,合扇拐偏疾,有一千来撺拾,上下泛匀匀的论道儿,直使得个插肩来可戏,板老巢杂,足窝儿零利。

【小桃红】装跷委实用心机,不枉了夸强会,女辈丛中最为贵,煞曾习,沾身那取著田地,赶起了白踢,诸余里快收拾。

【调笑令】喷鼻,异香吹,罗袜长粘见色泥。天生艺性诸般儿会,折末你转花枝勘膁当对,鸳鸯叩体样如画的,到啜赚得校尉每疑惑。

【秃厮儿】粉汗湿珍珠乱滴,宝髻偏鸦玉斜堆;虚蹬落实拾蹑起,侧身动,柳腰脆,丸惜。

【圣药王】甚旖旎,解数儿希,左盘右折煞曾习,甚整齐省气力,旁行侧脚步频移,来往似粉蝶儿飞。

【尾】不离了花畔柳影闲田地,斗白打官场小踢。竿网下世无双,全场儿占了第一。②

明代女子也喜爱踢球,明思宗的宫眷"喜蹴鞠之戏",明代钱福在《蹴鞠》诗中也描写过两个踢球的女子:

① 《关汉卿集》马欣来辑校,山西人民出版社 1996 年版,第 445—446 页。
② 《关汉卿集》马欣来辑校,山西人民出版社 1996 年版,第 446—448 页。

蹴鞠当场二月天，仙风吹下两婵娟。

汗沾粉面花含露，尘扑蛾眉柳带烟。

翠袖低垂笼玉笋，红裙斜曳露金莲。

几回蹴罢娇无力，恨杀长安美少年。①

诗中描写青春女子蹴鞠时的娇美之态，别具情致。

二、踢石球：纵是石头也堪踢

山西阳高县许家窑出土的石球，是旧石器时代的产物；西安半坡遗址中，在一个三四岁小女孩的墓中出土的 3 个石球，属于新石器时代。母系社会中女性地位高，早夭的女孩能够有玩具陪葬，这使得石球在历史上的痕迹能被留存下来。

石球流传到清朝也没有被淘汰。实际上，不仅没有被淘汰，而且材料更加丰富，除了石球之外，还衍生出泥球、瓦球、铁球、胡桃等。

有关石球的记载很多，如明代刘侗、于奕正《帝京景物略》中记载十二月时："小儿及贱闲人，以二石毬置前，先一人踢一令远，一人随踢其一，再踢而及之，而中之，为胜。一踢即着焉，即过焉，与再踢不及者，同为负也。再踢而过焉，则让先一人随踢之……其法初为趾踵苦寒设……"②清代富察敦崇在《燕京岁时记》中也说："十月以后，寒贱之子，琢石为球，以足蹴之，前后交击为胜。盖京师多寒，足指瘃冻，儿童踢弄之，足以活血御寒，亦蹴鞠之类也。"③可见天寒地冻之时，踢石球可谓穷人的御寒法宝，既能御寒活血，又能锻炼身体。

铁球的记载见于清代李声振写的《百戏竹枝词·蹋鞠》："蹋鞠场中浪荡争，一时捷足趁坚冰。铁毬多似皮毬踢，何不金丸逐五陵。"④并作注云："俗名踢球。置二铁丸，更相踏蹴，以能互击为胜，无赖戏也。恒于冬月冰上逐之。"⑤铁球比石球更加贵重与难得，只有那些有些家资者才能用铁来做玩具。

实际上，不论哪种材料，都可以玩得飞起。正如笔者高中时，将废旧试卷团成团，用透明胶布缠住，课间在教室、走廊里踢得不亦乐乎。

---

① 韩玉宾：《中国古代体育诗歌的审美特性》，《语文建设》2013 年第 10 期，第 43—44 页。
② 刘侗、于奕正：《帝京景物略》，孙小力校注，上海古籍出版社 2001 年版，第 106 页。
③ 富察敦崇：《燕京岁时记》，北京古籍出版社 1983 年版，第 86 页。
④ 杨米人：《清代北京竹枝词·十三种》，路工选编，北京出版社 2018 年版，第 170 页。
⑤ 雷梦水、潘超、孙忠铨、钟山：《中华竹枝词（一）》，北京古籍出版社 1996 年版，第 86 页。

三、踢毽子：见子欢喜踢毽子

毽子是常见的儿童玩具，由于毽子谐音"见子"，故而传统风俗中娘家给怀孕的女儿送的礼物中就包含着毽子。徐珂《清稗类钞》中记载："俗送婿家催生礼盒，缀以毽子，云'见子'也。"这种礼物送得讨巧，既有口彩，又有实用性——无论生下的是外孙还是外孙女，都能踢毽子。古时北京人还为毽子取了一个富有诗意的名字——翔翎。踢毽子的时候时常伴随着歌谣，例如：

> 一个毽儿，踢两半儿，
>
> 打花鼓儿，绕花线儿，
>
> 里踢，外拐，
>
> 八仙，过海，
>
> 九十九，一百。[1]

毽子的制作工艺很有讲究。于敏中等编纂的在《日下旧闻考》中引用明代徐炬辑《事物原始》中介绍毽子的制作材料、制作方法与技艺时记载："今时小儿以铅锡为钱，装以鸡羽，呼为毽子，三四成群，有里外廉、拖枪、耸膝、突肚、佛顶珠、剪刀抛之名色，亦蹴鞠之遗事也。"[2]清代富察敦崇撰的《燕京岁时记》中记载："毽儿者，垫以皮钱，衬以铜钱，束以雕翎，缚以皮带，儿童踢弄之，足以活血御寒。"[3]除了羽毛毽子之外，还有皮毽子、绒线毽子等多种多样的毽子。《中国风俗辞典》记载高山族流行踢钱仔球，即用布或纸将钱包裹起来，"用足反复踢之"，名为球，实际制作工艺与玩法皆类似毽子。

踢毽子的历史源远流长，早在汉代的壁画上就有踢毽者的艺术形象。唐代释道宣撰写的《续高僧传》中记录了这样的故事："时又入洛，将度有缘。沙门慧光年立十二，在天街井栏上反踢碟胡，一连五百，众人喧竞，异而观之。佛陀因见，惟曰'此小儿世戏有工，道业亦应无昧。'意欲引度，权以杖打头，声响清澈，既善声论，知堪法器，乃问：'能出家不？'光曰：'固其本怀耳。'遂度之，解冠终古，具如别传。"[4]大致讲

---

[1]　王文宝：《北京民间儿歌选》，浙江人民出版社 1982 年版，第 164 页。

[2]　于敏中等：《日下旧闻考（第八册）》，北京古籍出版社 1981 年版，第 2350 页。

[3]　富察敦崇：《燕京岁时记》，北京古籍出版社 1983 年版，第 85 页。

[4]　道宣：《续高僧传（中）》，郭绍林点校，中华书局 2014 年版，第 564 页。

了这样的故事:有一天,佛陀禅师来到洛阳,想要度有缘的人为僧。沙门慧光,当时十二岁,一连反踢碟堶五百个。佛陀禅师看了心想:"这个小儿对世间的游戏很精熟,那么对于佛法的学习应该也不会愚昧。"佛陀禅师有意引度,就用杖打慧光的头,响声清澈。佛陀禅师认为他将来可以被授予法器,就问:"你能出家否?"慧光说:"这是我固有的志向。"佛陀禅师便度了他,后来慧光的业绩冠绝终古。① 宋代周密在《武林旧事》中记载集市上售卖的物品中也有毽子。明代刘侗、于奕正《帝京景物略》中记载着关于踢毽子的歌谣:"杨柳儿活,抽陀螺。杨柳儿青,放空钟。杨柳儿死,踢毽子。"②清代潘荣陛《帝京岁时纪胜》中记载:"都门有专艺踢毽子者,手舞足蹈,不少停息,若首若面,若背若胸,团转相击,随其高下,动合机宜,不至坠落,亦博戏中之绝技矣。"③可见,踢毽子不仅仅是个人游戏,还能成为表演技艺,乃至有人因此而被发掘为佛法人才。

四、跳绳儿:白光轮转跳百索

跳绳是极其普遍的游戏,种类也多,单人跳、双人跳、群体跳都可以,网络上甚至有主人带着爱犬跳绳的视频,足见跳绳的受欢迎程度。跳绳在古时又被称为"跳白索"或"跳百索",因为跳绳时甩得很快,看上去就像是有一百条绳子在翻飞(跳百索),而且像是白光轮转(跳白索)。

唐朝李延寿在《北史》中记载:"游童戏者,好以两手持绳,拂地而却上跳,且唱曰'高末'。高末之言,盖高氏运祚之末也。"除掉里面穿凿附会的所谓运祚之言,这条记载清楚地说明了至少在南北朝的时候就有跳绳游戏了。

明代刘侗、于奕正《帝京景物略》中记载:

> 二童子引索略地,如白光轮,一童子跳光中,曰跳白索。④

清代于敏中在《日下旧闻考》中引用明代沈榜《宛署杂记》中介绍跳绳的记载:

> 又有以长绳丈许,两儿对牵,飞摆不定,令难凝视,若百牵然,其实一索也。

---

① 释慧皎、释道宣、释赞宁、释如惺:《中华高僧》,卢海山、申山译,中州古籍出版社 1998 年版,第 371—372 页。

② 刘侗、于奕正:《帝京景物略》,孙小力校注,上海古籍出版社 2001 年版,第 102 页。

③ 潘荣陛:《帝京岁时纪胜》,北京古籍出版社 1981 年版,第 11 页。

④ 刘侗、于奕正:《帝京景物略》,孙小力校注,上海古籍出版社 2001 年版,第 88 页。

群儿乘其动时轮跳其上，以能过者为胜，否或为索所绊，听掌绳者以绳击之示罚，名曰跳百索。①

这种跳长绳的游戏，由于舞绳与跳绳的人是分开的，故而考验的不仅是自己的手脚协调，而且是对节奏的把握以及彼此之间的配合。

清代潘荣陛《帝京岁时纪胜》中记载：

　　博戏则骑竹马，扑蝴蝶，跳白索……②

可见，清代的跳绳与骑竹马、扑蝴蝶、捉迷藏一样，都是流行的游戏。清代彭蕴章《松风阁诗钞·幽州土风吟·太平鼓》中有：

　　太平鼓，声冬冬，白光如轮舞索童。一童舞索一童唱，一童跳入光轮中。③

看来，此时跳绳已不满足于单纯地跳了，还有鼓声伴奏，而且儿童边跳边唱。

跳绳有很多花样，在形式方面，有前甩、后甩、前交叉、后交叉、双摇飞、八字形编花，等等。在人数方面，有单人跳、双人单绳单人跳、双人单绳多人跳、双人双绳交叉多人跳，等等。跳绳可以作为竞技比赛项目，比赛内容可以是单位时间内跳的次数、人数，连续跳绳不中断保持时间长度等。

第三节　综合游戏

一、脚驴斑斑：颂美歌—讽刺歌—游戏歌

脚驴斑斑游戏广泛流传，各地的叫法不同，但玩法类似：一群儿童围成一圈或排成一排，一个儿童边唱童谣边点众儿童的脚，被最后一个字点到的人的脚就缩回去。如此反复进行，直到场上剩下最后一只脚为胜。

朱秋枫在《浙江歌谣源流史》中考证了脚驴斑斑的源流演变史，认为：春秋时期

---

①　于敏中等：《日下旧闻考（第八册）》，北京古籍出版社 1981 年版，第 2350 页。
②　潘荣陛：《帝京岁时纪胜》，北京古籍出版社 1981 年版，第 11 页。
③　陶冶：《跳绳》，《民俗研究》1993 年第 3 期，第 96—97 页。

的《狸首斑然》、元末的《脚驴斑斑》、明代的《狸斑童谣》、清代的《踢踢班班》与清末民初的《点指板板》是一脉相承的。①

《狸首斑然》出自《礼记》:"孔子之故人曰原壤,其母死,夫子助之沐椁。原壤登木曰:'久矣,予之不托于音也。'歌曰:'狸首之斑然,执女手之卷然。'"②歌中所唱的"狸首之斑然"可能有两种解释:一是用狸首斑纹之美来形容棺木斑纹之美,二是借狸首来比喻并感谢孔子之情谊。

《脚驴斑斑》出自明代学者杨慎在《古今风谣》中的记载:元顺帝末年,北京城的儿童唱着童谣做游戏:

> 脚驴斑斑,脚踏南山。
>
> 南山北斗,养活家狗。
>
> 家狗磨面,三十弓箭。
>
> 上马琵琶,下马琵琶。
>
> 驴蹄马蹄,缩了一只。③

《狸斑童谣》出自清代朱彝尊所撰的《静志居诗话》:

> 狸狸斑斑,跳过南山。
>
> 南山北斗,猎回界口。
>
> 界口北面,二十弓箭。
>
> 【注】:此余童稚日偕闾巷小儿联臂踏足而歌者,不详何义,亦未有验。④

与《脚驴斑斑》类似的童谣流传很广,很多歌谣的年代已难考证,各地流传的版本也各不相同。

广东的版本:

> 铁脚班班,扳过南山,

---

① 朱秋枫:《浙江歌谣源流史》,浙江古籍出版社 2004 年版,第 21 页。
② 曾亦、陈文嫣:《礼记》,中国国际广播出版社 2011 年版,第 145 页。
③ 杨慎:《古今风谣》,中华书局 1985 年版,第 58—59 页。
④ 朱彝尊:《静志居诗话》,人民文学出版社 1990 年版,第 824 页。

南山荔子，荔子㧅羹，

新官上任，旧官请出。①

浙江的版本：

踢踢班班，班过南山。

南山北斗，至尊卖牛。

牛蹄马脚，削落蹄子跑一脚。

四川的版本：

踢踢板板，板过南山，

南山北斗，天津买牛，

牛蹄马蹄，前脚踏起。②

河南的版本：

盘脚盘，盘脚盘，一盘盘了两三年。

三年整，菊花顶。顶顶盖盖，罗马筛筛。

大簸箕，小簸箕，抬抬小脚，藏回去。③

中原地区另有版本：

盘、盘，盘脚盘；

脚盘高，磨大刀；

大刀快，切辣菜；

辣菜辣，切苦瓜；

---

① 纪玲妹：《民国歌谣集》，南京师范大学出版社 2018 年版，第 493 页。

② 蒋风：《中国传统儿歌选》，广西人民出版社 1983 年版，第 196—197 页。

③ 河南省学前教育发展中心、河南省实验幼儿园、郏县教育体育局：《河南儿童民间游戏集锦》，河南人民出版社 2017 年版，第 15 页。

> 苦瓜苦,切豆腐;
>
> 豆腐糯,切棵葱;
>
> 葱花完,小脚蜷。①

华北地区另有版本:

> 盘,盘,盘脚盘。
>
> 脚盘正,烙花饼。
>
> 花饼香,大家尝。
>
> 尝够啦,吃够啦,
>
> 小乖乖,快走吧!②

正如《晋书》所言:"凡五星盈缩失位,其精降于地为人……荧惑降为童儿,歌谣嬉戏……吉凶之应,随其象告。"③古人相信童谣里包含着上天的警示,是另类的谶语、预言,很多童谣与游戏也因此被记录下来。在流传的过程中,各地会根据当地的口音、特色、愿望等进行改编,形成自己的版本。随着时间的流逝,《脚驴斑斑》系列从最先赞美孔子的"颂美歌",演变成讽刺贪官污吏的"讽刺歌",最后变成不详其义的"游戏歌"。儿童在游戏中唱童谣,只是因为童谣朗朗上口,富有韵律,至于意义则早就抛开了。

二、荡秋千:千秋万岁半仙戏,少女心事谁人知

荡秋千是人们喜闻乐见的游戏,但凡有秋千的地方,就少不了欢声笑语。秋千有多种,有单人秋千、双人秋千,有陆地秋千、水上秋千。荡秋千有许多花样,有坐着荡秋千、站着荡秋千,玩法多种多样。秋千历史悠久,宋代高承在《事物纪原》中说:

> 北方戎狄,爱习轻趫之态,每至寒食为之。后中国女子学之,乃以彩绳悬树立架,谓之秋千。或曰本山戎之戏也,自齐桓公北伐山戎,此戏始传中国。一云正作千秋字,为秋千非也,本出自汉官祝寿辞也,后世语倒为秋千耳。

① 李培琴、贺宝林:《中原民间游戏文化研究》,群言出版社 2020 年版,第 123 页。
② 吴珹:《100 游戏儿歌》,河北人民出版社 1982 年版,第 3—4 页。
③ 房玄龄等:《晋书(第二册)》,中华书局 1974 年版,第 320 页。

这里论述了秋千的三个来历：源自戎狄或山戎，传至中原；本是汉宫中祝寿的词语"千秋"，被颠倒为"秋千"。这些来历并不矛盾，前两个是指秋千这一事物的发源地，最后一个是指秋千这一名字的来源。综合起来可以推断：秋千本是北方戎狄（山戎）人玩的，后来传至中原。后来人们将祝寿之语"千秋"颠倒过来，便有了秋千的名称。

唐玄宗时，荡秋千被称为"半仙之戏"。五代王仁裕编撰的《开元天宝遗事十种》记载：

> 天宝宫中至寒食节，竞竖秋千，令宫嫔辈戏笑，以为宴乐。帝呼为半仙之戏，都中士民因而呼之。[1]

安史之乱后，杜甫漂泊多年，在《清明二首》中写道："十年蹴鞠将雏远，万里秋千习俗同。"[2]这是文学修辞中的互文写法，"十年"和"万里"是虚指，分别指代时间的长久和地域的广袤，大意是：带着孩子一起踢球和荡秋千的习俗各地都有，流传广泛。可见，不论时局如何动荡、统治者如何变化，游戏常伴左右，为人们带来欢声笑语与精神慰藉。

宋代孟元老《东京梦华录》记载：

> 又有两画船，上立秋千，船尾百戏人上竿，左右军院虞候监教，鼓笛相和。又一人上蹴秋千，将平架，筋斗掷身入水，谓之"水秋千"。[3]

这里的水秋千是专业人士表演给皇帝观赏的。而自娱自乐的庭院秋千则别有一番风味，文豪苏东坡就写过这样的词：

> 墙里秋千墙外道。墙外行人，墙里佳人笑。笑渐不闻声渐悄。多情却被无情恼。[4]

---

① 王仁裕等：《开元天宝遗事十种》，丁如明辑校，上海古籍出版社 1985 年版，第 88 页。
② 杜甫：《杜甫集校注（第七册）》，谢思炜校注，上海古籍出版社 2015 年版，第 2801 页。
③ 孟元老：《东京梦华录》，侯印国译注，三秦出版社 2021 年版，第 185 页。
④ 《苏轼词选》，陈迩冬选注，人民文学出版社 1998 年版，第 103 页。

庭院里的佳人在欢乐地荡秋千,墙外的行人被笑声撩拨。可是,欢笑慢慢消失了,行人恍若一番情义被无情伤害,惘然若失。这里的荡秋千是以墙外行人的视角写的,而在墙内佳人看来又是另一番风情。女词人李清照笔下写道:

> 蹴罢秋千,起来慵整纤纤手。露浓花瘦,薄汗轻衣透。
> 见客入来,袜刬金钗溜。和羞走。倚门回首,却把青梅嗅。①

少女刚荡完秋千,轻衣透出香汗,正懒得动弹,突然庭院里进来一个陌生男子,少女慌忙之间来不及穿鞋子,仅穿袜子就害羞地朝屋里跑,头上的金钗也滑落了。到了门边时又不甘心离开,于是假装闻青梅,偷偷地窥看来人。这种怕见又想见、想见又不敢见的微妙心理,体现了秋千少女此时此刻的心事,十分有趣。

荡秋千的重点在荡,荡到高处仿佛有脱离束缚隐隐飞去之感。古时女性被圈在家里很少出门,荡秋千是难得能让女性暂时摆脱礼教压迫放飞自我的欢乐活动。也许正因秋千的这一特性,荡秋千才这么受欢迎吧。

---

① 李清照:《李清照诗词集》,卓爱华编著,江苏凤凰文艺出版社 2020 年版,第 54 页。

第四章　逻辑和情感智慧的游戏

中华民族在悠久而曲折的历史长河中，创造并积淀了十分丰富的谜语、对联、童谣以及棋类竞技游戏，反映出中国大众百姓把握和应对生活中各类课题的能力，体现了富有民俗特色的逻辑思维和情感智慧。研究这类游戏，可以帮助我们更好地理解传统文化的母题和中国人的心理特点。

第一节　逻辑智慧游戏

一、围棋：坐隐手谈法天地，养性乐道烂柯山

围棋是高雅的智力游戏，历史悠久，又被称为手谈、坐隐。手谈意即下围棋时两人不必开口即可切磋棋艺、交流思想，就像用手交谈一样；坐隐意即坐在棋盘前对弈时专心致志，别事不闻不问，就像遁世隐居一样。围棋历史悠久，西晋张华所撰的神话志怪小说集《博物志》云："尧造围棋，以教子丹朱。或云：舜以子商均愚，故作围棋以教之。"①意即尧舜两位圣人用围棋来教育儿子。尧舜都是传说中的人物，他们制棋和下棋的可信度存疑，然而，甘肃永昌鸳鸯池新石器时代遗址出土的文物中有一个棋盘纹彩陶罐，上面绘有类似现代围棋的纹路。② 可见新石器时代已经有类似围棋的游戏出现了。

（一）围棋与河图洛书

围棋与河图洛书中的寓意一脉相承，都反映了古人对宇宙与世界的想象与认

---

① 杨晓国：《围棋溯源》，山西经济出版社 2007 年版，第 3 页。
② 许永杰：《永昌鸳鸯池墓地彩陶图案的分类研究》，《文物》1992 年第 11 期，第 58—67 页。

识。传说,伏羲氏时代,一匹龙马背负一幅图画从黄河中跃出,人们将该图称为"河图";另有传说大禹治水之时,一只神龟背负一幅图画从洛水中跳出,人们将该图称为"洛书"。河图洛书这两幅神秘的图画被古人视为宇宙魔图,蕴藏着无穷的奥妙,《周易》云:"河出图,洛出书,圣人则之。"①古人认为河图为圆,象征天,河图上的符号代表着天上的星座;洛书为方,象征地,洛书上的符号代表着地上的九州(见图4-1)。与河图、洛书类似,围棋的圆形棋子代表天,方形棋盘代表地,正如《敦煌棋经》中说:"棋子圆以法天,棋局方以类地。"②汉代班固《弈旨》云:"局必方正,象地则也;道必正直,神明德也。棋有白黑,阴阳分也;骈罗列布,效天文也。四象既陈,行之在人,盖王政也。"元代虞集在《玄玄棋经》序中说:"夫棋之制也,有天地方圆之象,有阴阳动静之理,有星辰分布之序,有风雷变化之机,有春秋生杀之权,有山河表里之势。"③

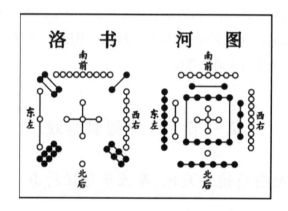

图4-1 河图洛书

古人总将围棋与天文地理、阴阳五行等联系在一起,例如:围棋盘上有九个星,四角、四边各一,天元居中。其中,四个角星代表四季中最具季节特征的那一天,天元和四个边星代表了五岳;黑白棋子代表着阴阳,万事万物都在阴阳之气的消长和融合中发展。这些说法虽有故弄玄虚、穿凿附会的因素,但也体现了古人朴素的宇宙观与世界观。

(二)围棋与兵法

桓谭《新论》曰:"世有围棋之戏,或言是兵法之类也。上者远其疏张,置以会围,因而成得道之胜。中者则务相绝遮,要以争便求利,故胜负狐疑,须计数以定。下者

---

① 周振甫:《周易译注》,中华书局1991年版,第248—249页。
② 王俊龙:《棋法阴阳:围棋中的哲理与数理》,《西南大学学报(社会科学版)》2013年第6期,第11—19页。
③ 晏天章、严德甫:《玄玄棋经》,天津科学技术出版社2009年版,第3页。

则守边隅,趋作勢,以自生于小地。"①围棋对弈和军事作战有很多的相似性,围棋对弈的形式同两军作战有诸多相似之处,兵法思想也能体现在围棋对弈上。

《孙子兵法》是著名的军事理论著作,北宋人张学士把兵法的思想用在围棋上,模仿《孙子兵法》的内容和体裁写成了《棋经十三篇》,详细地阐述了围棋的棋理和下法,将兵法与棋理相辅相成,是古代围棋的重要理论著作。

宋代高似孙在《纬略》一书引用了后汉马融《围棋赋》、晋曹摅《围棋赋》、晋蔡洪《围棋赋》、梁武帝《围棋赋》、梁宣帝《围棋赋》,以及后汉班固《弈旨》、魏应场《弈势》、梁沈约《棋品序》的相关内容,即历史上有名的"五赋三论"。"五赋三论"也与兵法紧密相连,以马融《围棋赋》为例:"三尺之局,为战斗之场。陈聚士卒,两敌相当。怯者无功,贪者先亡……深入贪地,杀亡士卒。狂攘相救,先后并没。"②通篇将兵法融于围棋之中。

《隋书·经籍志》将收录的围棋谱编入"兵书"类,与《孙子兵法》《吴起兵法》等著作同列,可见,在隋朝及以前的人看来,围棋与军事关系密切;而《旧唐书·经籍志》则将围棋归入"杂艺术",可见,在唐朝及以后的人看来,围棋的军事因素逐渐减少,而娱乐、益智、怡情的因素逐渐增加。

(三)围棋的志怪传说

古人认为围棋"乃仙家养性乐道之具",东晋虞喜所撰的《志林》中记载:

> 信安山有石室,王质入其室,见二童子对棋,看之。局未终,视其所执伐薪柯已烂朽。遽归乡里,已非矣。

这就是烂柯山的传说:王质入山伐木,看见有人下棋就在旁边观看,一局棋还没下完,斧柄就烂掉了。等王质回到家,发现家乡早已改变面目,旧时的亲朋也都不在人世了。这个传说说明了两点:第一,早在晋代,下棋就已经很流行了,以至于连樵夫都懂棋、爱棋;第二,下棋能打破等级与阶级的沟壑,仙人下棋凡人看,地位差距巨大的人在棋盘上实现了平等。下棋能暂时模糊地位差距。

南朝宋刘义庆在《幽明录》中引《太平御览》记载:

> 汉武帝在甘泉宫,有玉女降,常与帝围棋相娱。女风姿端正,帝密悦,乃欲

---

① 李毓珍:《〈棋经十三篇〉校注》,蜀蓉棋艺出版社 1988 年版,第 53 页。
② 高似孙:《高似孙〈纬略〉校注》,左洪涛校注,浙江大学出版社 2012 年版,第 46 页。

逼之。女因唾帝面而去,遂病疮经年。①

大意是:有位玉女经常与汉武帝下围棋,汉武帝对玉女想入非非甚至图谋不轨,玉女吐了他一脸唾沫,让他生病疮且数年治不好。可见,帝王的权威管不到玉女的身上。

华山有个"下棋亭",据传宋朝开国皇帝赵匡胤在此处与隐士陈抟下棋,以华山为赌注,结果皇帝将华山输给了隐士。

清代谈迁的《枣林杂俎》中记载了张三丰与骊山老母隔空下棋的故事:

张三丰俗名献,字玄玄……七岁能弈,即无敌……千户张信,少敏慧,善弈。师往较焉,称国手。一日残局,终宵抗衡,因记之,各就寝。张梦老媪:"汝棋当如是而后胜。"晨起不数着而师负矣。师大笑曰:"黎山老母大是饶舌。"②

大意是:张三丰七岁下围棋就无敌,多年后,他与千户张信下棋。有一局棋难分胜负就暂且封盘。当夜张信梦见一位老婆婆告诉他取胜之道,第二天张信按照老婆婆指点下赢了。张三丰笑着说:"黎山老母多嘴多舌。"

志怪传说充满了想象力,神仙轶事难以考证,但也反映了古人对围棋的看法:神仙事也。

(四)围棋的凡人轶事

神仙爱下围棋,凡人也不例外。春秋年间就有拿下围棋打比方的记录,《左传》记载:

今宁子视君不如弈棋,其何以免乎? 弈者举棋不定,不胜其耦。而况置君而弗定乎? 必不免矣!③

魏晋南北朝时期围棋蓬勃兴盛。沈约在《棋品序》中说:"弈之时义大哉……是以汉魏名贤,高品间出;晋宋盛士,逸思争流。"④

《三国志》中记载东吴太子孙和让韦曜论述"今世之人多不务经术,好玩博弈,废

---

① 刘义庆:《幽明录》,郑晚晴辑注,文化艺术出版社1988年版,第145页。
② 谈迁:《枣林杂俎》,胡明校、罗仲辉点校,中华书局2006年版,第308—309页。
③ 左丘明:《左传》,李维琦、陈建初、李运富、覃遵祥、唐生周、萧谒川注,岳麓书社2000年版,第446页。
④ 高华平:《魏晋的围棋和范汪的〈棋品〉》,《文献》2000年第4期,第82—89页。

事弃业,忘寝与食,穷日尽明,继以脂烛"。① 曹植在《祭仲宣文》中称赞才子王粲"棋局逞巧,博弈唯贤"。孔融被抄家时,正下围棋的两个儿子端坐不动,别人问他们为什么不动,他们说鸟巢都被毁掉了,鸟卵又怎么可能保持完好。三国鼎立,时局动荡,在这样的乱世之中,人们仍然爱好下围棋,而且将会下围棋视为可被夸赞的优点,可见当时人们对下围棋的喜爱之情。

《晋书》中记载:"悦字长豫,弱冠有高名,事亲色养,导甚爱之。导尝共悦奕棋,争道,导笑曰:'相与有瓜葛,那得为尔邪!'"②大意是:王导的长子王悦对父母亲和颜悦色,然而在与父亲下棋的时候寸步不让,王导笑着说:"我和你还有些亲戚关系,何必这样呢!"《晋书》还记载:"安……方与玄围棋赌别墅。安常棋劣于玄,是日玄惧,便为敌手而又不胜……玄等既破坚,有驿书至,安方对客围棋,看书既竟,便摄放床上,了无喜色,棋如故。"③大意是:苻坚入侵时,谢安与谢玄下围棋以宅邸作为赌注,击败了虽然棋艺高超但心怀恐惧的谢玄。打败苻坚的驿书送来时,谢安也只是看看,仍然面色平静地与人下围棋。晋朝棋风兴盛至此。

南北朝时期随着玄学的兴起,弈风更盛。上层统治者雅好弈棋,他们以棋设官,建立"棋品",授予"棋士"与棋艺相当的"品格"。当时的棋艺分为九品:"一曰入神,二曰坐照,三曰具体,四曰通幽,五曰出智,六曰小巧,七曰斗力,八曰若愚,九曰守拙。"现代围棋分为"九段"即源于此。《南史》记载:"梁武帝好弈,使恽品定棋谱,登格者二百七十八人。"④可见围棋活动之普遍。

唐代出现了提高棋手的社会地位的宫廷制度:对众多的棋手进行严格考核,入选之人被称为"棋待诏",进入翰林院中专门陪皇帝下棋。该制度从唐开元年间至南宋末延续了500余年,推动了中国围棋的发展。唐人杜光庭所撰传奇小说《虬髯客传》中记载了唐太宗折服虬髯客的故事:

> 不衫不履,裼裘而来,神气扬扬,貌与常异。虬髯默居末位,见之心死,饮数杯,招靖曰:"真天子也!"……而虬髯曰:"吾得十八九矣。然须道兄见。"……时方弈棋,揖而话心焉。文静飞书迎文皇看棋。道士对弈,虬髯与公傍侍焉。俄而文皇到来,精采惊人,长揖而坐,神气清朗,满坐风生,顾盼炜如也。道士一见

① 陈寿:《三国志》,中华书局1975年版,第1460—1461页。
② 房玄龄等:《晋书(第六册)》,中华书局1974年版,第1754页。
③ 房玄龄等:《晋书(第七册)》,中华书局1974年版,第2075页。
④ 程大力:《九品制、等级分:文化的传统与进步——兼论中国围棋、武术采用日本武技段位制的欠妥》,《成都体育学院学报》2003年第3期,第29—31页。

惨然，下棋子曰："此局全输矣！于此失却局哉？救无路矣！复奚言？"罢弈而请去。既出，谓虬髯曰："此世界非公世界。他方可也。勉之，勿以为念。"……家人自东堂舁出二十床，各以锦绣帕覆之。既陈，尽去其帕，乃文簿钥匙耳。虬髯曰："此尽宝货泉贝之数。吾之所有，悉以充赠。何者？欲于此世界求事，当龙战三二十载，建少功业。今既有主，住亦何为？太原李氏，真英主也。三五年内，即当太平……持余之赠，以佐真主，赞功业也，勉之哉！此后十年，当东南数千里外有异事，是吾得事之秋也。一妹与李郎可洒洒东南相贺。"①

大意是：李世民虽然衣着随意，但神采飞扬，虬髯客看见他的风采，就死了争天下的心思。虬髯客跟李靖感慨李世民是真命天子，自己对此有八九成的把握，但还想让道兄亲眼看看。虬髯客的道兄和刘文静下棋，刘文静请李世民来看棋。李世民来了之后，光彩照人，神清气朗，谈笑风生，顾盼间目光炯炯有神。虬髯客的道兄见了之后，就神色惨淡地放下棋子认输了，建议虬髯客离开这里，去别的地方成就王业。虬髯客把家产送给了李靖，以便他辅助李世民，而自己则去扶余国做了君主。

世事如棋，棋逢对手才精彩。李世民器宇轩昂，有帝王的风采气度，令虬髯客见之心折。虬髯客慷慨豪迈，没有拖泥带水的犹豫不决，说送就送，说走就走。如此能谋善断，后来在扶余国成就事业也不奇怪，正所谓"世事如棋局局新"。

皇帝爱下围棋，其他人也爱下围棋，有人问酷爱下棋的元稹围棋有什么乐趣，元稹作诗回答："此中无限兴，唯怕俗人知。"②在棋风与诗风俱鼎盛的唐朝，连唐太宗都留下了两首《五言咏棋》。其一："手谈标昔美，坐隐逸前良。参差分两势，玄素引双行。舍生非假命，带死不关伤。方知仙岭侧，烂斧几寒芳。"其二："治兵期制胜，裂地不要勋。半死围中断，全生节外分。雁行非假翼，阵气本无云。玩此孙吴意，怡神静俗氛。"③唐代围棋诗文有许多，不乏"楚江巫峡半云雨，清簟疏帘看弈棋"④之类的佳作。

宋代的文人名士也爱下围棋。宋徽宗有诗："忘忧清乐在枰棋，仙子精攻岁未笄。窗下每将图局按，恐防宣诏较高低。"后来有本棋谱就取名为《忘忧清乐集》。⑤ 欧阳修在《六一居士传》中写到："客有问曰：'六一，何谓也？'居士曰：'吾

① 《唐宋传奇集》鲁迅校录，蔡义江、蔡宛若译，浙江文艺出版社 2018 年版，第 304—308 页。
② 谢永芳：《元稹诗全集》，崇文书局 2016 年版，第 216 页。
③ 蔡中民：《古代围棋诗词当论》，《四川师范大学学报》1990 年第 1 期，第 51—57 页。
④ 杜甫：《杜甫全集》，高仁标点，上海古籍出版社 1996 年版，第 249 页。
⑤ 何云波：《〈忘忧清乐集〉与北宋东京的围棋记忆》，《汉语言文学研究》2013 年第 4 期，第 78—83 页。

家藏书一万卷,集录三代以来金石遗文一千卷,有琴一张,有棋一局,而常置酒一壶。'客曰:'是为五一尔,奈何?'居士曰:'以吾一翁,老于此五物之间,是岂不为六一乎?'"①六一中就有围棋。

宋代僧人惠洪等所撰的《冷斋夜话》中记载:

> 舒王在钟山,有道士来谒,因与棋,辄作数语曰:"彼亦不敢先,此亦不敢先。惟其不敢先,是以无所争;惟其无所争,故能入于不死不生。"舒王笑曰:"此特棋隐语也。"②

大意是舒王与道士下棋,道士点化舒王。此外,《冷斋夜话》中还记载:

> 王文公居钟山,尝与薛处士棋,赌梅诗,输一首,曰:"华发寻香喜见梅,一枝临路雪培堆。凤城南陌他年忆,杳杳难随驿使来。"③

大意是:王安石与人下棋赌诗,输了,就作了一首梅花诗。有才华的人下棋既吟诗作赋又抒发人生哲理,如此风雅,如此智慧。

元代文人也爱下围棋,元杂剧《逞风流王焕百花亭》中也有这样的台词:

> 他便是风流王焕,据此生世上聪明,今时独步。围棋递相,打马投壶……④

可见文人矜夸多才多艺的时候,都是把围棋算在内的。

明代棋艺家编撰了大量颇有价值的围棋谱,如《三才图会棋谱》《石室仙机》《仙机武库》等。⑤ 南京建邺区保留着一座明初的建筑胜棋楼,传说明太祖朱元璋与徐达曾在此下棋,深感伴君如伴虎的徐达将棋子摆成"万岁"的字样,明太祖龙颜大悦将玄武湖赐予了徐达。⑥ 皇上早已作古,围棋则日益兴盛,正如胜棋楼门外的对联"粉

---

① 欧阳修:《欧阳修全集(第二册)》,中华书局 2001 年版,第 634—635 页。
② 释惠洪:《冷斋夜话》,黄进德批注,凤凰出版社 2009 年版,第 54 页。
③ 释惠洪:《冷斋夜话》,黄进德批注,凤凰出版社 2009 年版,第 64 页。
④ 张连举、周玲:《元杂剧中的智力游戏习俗》,《湛江师范学院学报》2008 年第 5 期,第 90—95 页。
⑤ 赵慧娣:《明代围棋运动述要》,《兰台世界》2012 年第 10 期,第 82—83 页。
⑥ 吴福林:《怡然烟雨——莫愁湖》,南京出版社 2018 年版,第 35 页。

黛江山留得半湖烟雨,王侯事业都如一局棋枰"。①

清代围棋也很兴盛。故宫博物院养心殿里放有精致的棋盒,里面装着用青、白玉石制成的围棋子。陈枚的《月曼清游图册》中也有女子下围棋的场景,乾隆皇帝还题诗曰:"镜户团圆清画永,楸枰斜倚共敲棋。"②才子纪晓岚题《桐荫观弈图》云:"不断丁丁落子声,纹楸终日几输赢。道人闲坐桐荫看,一笑凉风木末生。"③更自号观弈道人,谓观棋亦如看人世风云。《红楼梦》中迎春善棋,其丫鬟就取名为司棋。第七十九回《薛文龙悔娶河东狮 贾迎春误嫁中山狼》中,宝玉感怀迎春下嫁,作诗云:"池塘一夜秋风冷,吹散芰荷红玉影。蓼花菱叶不胜愁,重露繁霜压纤梗。不闻永昼敲棋声,燕泥点点污棋枰。古人惜别怜朋友,况我今当手足情。"④随着科技的发展,智能机器人AlphaGo击败了多位围棋大师,对围棋的未来发展产生难以估量的影响。新手也可能借助软件玩得很"嗨",围棋的兴衰传承,我们拭目以待。

二、象棋:战争留给棋盘,和平归于世界

传说中,象棋由舜创造。据传舜有个异母弟弟名叫象,象多次与父母一起谋杀舜。舜将象囚禁了起来,又恐他寂寞,创造了一种棋供他娱乐,故而名叫象棋。传说自然不足为据,虽然难以考证创造者是谁,但是随着岁月的流逝,象棋在众人的智慧下不断地改进与发展。

象棋的主流玩法是二人对弈,然而宋代还出现了七国象棋与三国象棋的玩法。图4-2为七国象棋,图4-3为三国象棋。

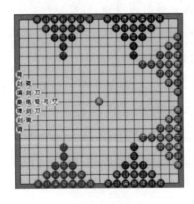

图4-2　七国象棋

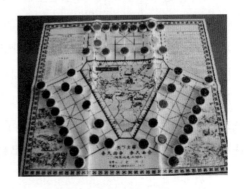

图4-3　三国象棋

① 吴福林:《怡然烟雨——莫愁湖》,南京出版社2018年版,第33页。
② 毛晓沪:《雍正瓷胎画珐琅嫔妃对弈图盘考》,《收藏家》2005年第10期,第41—46页。
③ 《纪晓岚文集(第一册)》,孙致中、吴恩扬、王沛霖、韩嘉祥校点,河北教育出版社1991年版,第494页。
④ 曹雪芹:《红楼梦》,无名氏续,脂砚斋批,三秦出版社2020年版,第856页。

　　七国象棋由北宋政治家司马光仿照战国七雄争霸形势而创,相互之间可连横合纵,以吃掉敌方主棋或 10 枚棋子为胜。互相牵制,变幻无穷。宋代还有三国象棋,可惜失传。清代郑晋德模仿三国争霸形势创制了三友象棋,以吃掉敌方主棋为胜。鼎足三分,变化多端。①

　　象棋也在历史上留下了许多志怪传说与凡人轶事,试摘录几件。

　　唐代牛僧孺在《玄怪录》中记载了这样的故事:

　　　　有巴邛人,不知姓名,家有橘园。因霜后,诸橘尽收,余有两大橘,如三斗盎。巴人异之,即令攀橘下,轻重亦如常橘。剖开,每橘有二老叟,鬓眉皤然,肌体红润,皆相对象戏,身长尺余,谈笑自若,剖开后亦不惊怖,但相与决赌。决赌讫,一叟曰:"君输我海上龙王第七女须发十两,智琼额黄十二枝,紫绢帔一副,绛台山霞宝散二庚,瀛洲玉尘九斛,阿母疗髓凝酒四钟,阿母女态盈娘子跻虚龙缟袜八两,后日于王先生青城草堂还我耳。"又有一叟曰:"王先生许来,竟待不得,橘中之乐,不减商山,但不得深根固蒂,为愚人摘下耳。"又一叟曰:"仆饥矣,须龙根脯食之。"即于袖中抽出一草根,方圆径寸,形状宛转如龙,毫厘罔不周悉,因削食之,随削随满。食讫,以水噀之,化为一龙,四叟共乘之,足下泄泄云起。须臾,风雨晦冥,不知所在。②

　　大意是:有人的橘园在打霜后还有两个很大的橘子,摘下来剖开后发现每个橘子里有两个鹤发童颜的老叟在下象棋。他们被发现了也不惊慌,仍然神色自若地谈笑打赌,赌注皆非凡品。有个老叟说在橘子中很快乐,只可惜橘子没有根深蒂固被愚人摘下来了。还有个老叟说自己饿了要吃龙根脯,就拿出一根龙形的草根削着吃,但草根随削随满。吃饱后给草根喂点水,它就化为一条龙,载着四个老叟在风雨中飞走了。

　　因为这个故事,明代著名的象棋谱就取名为《橘中秘》。

　　据传明代哲学家王阳明幼时喜欢下象棋,曾因下棋而忘记吃饭,其母一气之下将象棋扔进河里。王阳明因此作了一首《哭象棋诗》:

---

①　王宏凯:《中国古代游艺》,中国国际广播出版社 2010 年版,第 149 页。
②　牛僧孺:《玄怪录》,中华书局 1982 年版,第 73—74 页。

象棋终日乐悠悠,苦被严亲一旦丢。

兵卒堕河皆不救,将军溺水一齐休。

马行千里随波去,士入三川逐浪流。

炮响一声天地震,忽然惊起卧龙愁。①

亦有普通人爱好下棋的事例:两人对弈象棋,旁观者教不置口。其一大怒,挥拳击之,痛极却步。右手摸脸,左手遥指曰:"还不叉士。"②大意是有人没有遵守观棋不语的古训而是喋喋不休地教人下棋,被人怒打一拳后,右手摸摸脸上被打疼的地方,左手仍比画着指挥下棋。象棋魅力,可见一斑。

三、六博:消失无踪的游戏

图 4-4　西汉黑漆朱绘六博楒　　　　　图 4-5　汉代六博俑

《论语》中记载了孔子的话:"饱食终日,无所用心,难矣哉!不有博弈者乎?为之,犹贤乎已。"③这里的"博"指六博,"弈"指围棋。六也可以被写为"陆",博也可被写为"簙",汉代许慎《说文解字》中的"簙"曰:"局戏也。六箸十二棊也。从竹,博声。古者乌曹作簙。"④传说乌曹是夏桀的大臣,若此说属实,那么六博在夏朝时就有了。六博曾经很流行,春秋战国时期就有用六博来打比喻的记录。《战国策》中唐且对春申君说:

① 钱明:《新搜集的十六篇王阳明佚诗文考释》,《阳明学刊》2006 年第 1 期,23—29 页。

② 《笑林广记》,游戏主人纂辑、粲然居士参订,云南人民出版社 2016 年版,第 137 页。

③ 《论语》,刘宏章、乔清举注释,华夏出版社 2000 年版,第 134 页。

④ 许慎:《说文解字(上)》,段玉裁注、许惟贤整理,凤凰出版社 2015 年版,第 352 页。

夫枭棋之所以能为者，以散棋佐之也。夫一枭之不如不胜五散，亦明矣。今君何不为天下枭，而令臣等为散乎？①

《史记》中苏代谓魏王曰：

王独不见夫博之所以贵枭者，便则食，不便则止矣。今王曰"事始已行，不可更"，是何王之用智不如用枭也？②

班固在《弈旨》中云：

大冠言博既终，或进而问之曰："孔子称有博弈，今博独行于世，而弈独绝。博义既弘，弈义不述，闻之论家，师不能说，其声可闻乎？"

虽然是文学先抑后扬的写法，但也反映了当时六博的流行程度（见图4-4、图4-5）。六博历史悠久，失传年月也久，下文试图通过现有古籍来探寻六博游戏存在的蛛丝马迹。

（一）六博的玩法

战国时期的一套完整的六博棋具包括枏、棋、箸，汉代开始逐渐使用荧（骰子）代替箸。枏即棋盘，中部是一方框，周边有十二个名叫"曲道"的棋路，四角有四点。双方各有六枚棋子，分黑白两色。每套博具中有六根箸或两个荧，行棋前要先投箸或掷荧，据投箸或掷荧的结果走棋。与其他棋类一样，六博也蕴含中国古代文化：四角为阴，四边为阳，中心为太极；太极生两仪——黑白两条鱼；两仪生四象——周围四个小框；四象生八卦——周边八方。

六博年代久远，具体的玩法在历史的长河中逐渐失传，只能从古籍片段中窥探一二：

二人相对，坐向局，分为十二道，两头当中为水。用碁十二枚，六白六黑；又用鱼二枚置于水中。其掷采以琼为之。琼昙方寸三分，长寸五分，锐其头，钻刻

---

①　孟庆祥：《战国策译注》，黑龙江人民出版社1986年版，第417页。
②　司马迁：《史记（上）》，北京燕山出版社2017年版，第454页。

琼四面为眼,亦名为齿。二人互掷实行碁。碁行到处即竖之,名为骁碁,即入水食鱼,亦名牵鱼。每牵一鱼获二筹(算),翻一鱼获三筹(算)。若已牵两鱼而不胜者,名曰被翻双鱼。彼家获六筹为大胜也。①

这种博法是两人对局,博局有十二道,两头当中是"水","水"中有"鱼"。棋局有十二曲道,双方各在自己一方的曲道上排好六枚棋子。然后投箸或掷茕,根据箸的正反数量或茕数走棋,数越大则走棋步数越多。棋子进到规定的位置即可竖起,改名为骁棋(枭棋),可入"水"中吃掉对方的"鱼",名为"牵鱼"。每牵鱼一次,获得博筹二根,连牵两次鱼,获得博筹三根,谁先获得六根博筹,就算获胜。

(二)六博的志怪传说

古人认为六博的博局是重要的占卜用具,是连接神仙与世俗民众的中介,故而汉墓中常见六博图、博局镜及六博俑,其主意在于助死者成仙,是复杂的墓葬仪式话语的重要一环。② 关于六博的志怪传说也有许多,试从古书中摘取几例。

《史记》中记载:

> 帝武乙无道,为偶人,谓之天神。与之博,令人为行。天神不胜,乃僇辱之。③

大意是:武乙暴虐无道,曾经制作了一个木偶人,称它为天神,跟它下棋赌输赢,让旁人替它下子。如果"天神"输了,就侮辱它。

《韩非子》中记载:

> 秦昭王令工施钩梯而上华山,以松柏之心为博,箭长八尺,棋长八寸,而勒之曰:"昭王尝与天神博于此矣。"④

大意是:秦昭襄王命令工匠用钩梯登上华山,用松柏的心做成一副棋,箸长八尺,棋长八寸,并刻上字说:"昭王曾在这里和天神玩过六博。"

---

① 何一昊:《六博行棋规则研究》,《中原文物》2022年第4期,第114—119页。
② 姜生:《六博图与汉墓之仙境隐喻》,《史学集刊》2015年第2期,第18—25页。
③ 司马迁:《史记(上)》,北京燕山出版社2017年版,第17页。
④ 张觉:《韩非子译注》,上海古籍出版社2012年版,第318页。

六博在秦汉非常鼎盛，曹植《仙人篇》云：

仙人揽六著，对博太山隅。①

南朝张正见在《神仙篇》中说：

已见玉女笑投壶，复睹仙童欣六博。②

《神仙传》中记载：

武帝闲居殿上，忽有一人乘浮云驾白鹿，集于殿前。武帝惊问之为谁，曰："我中山卫叔卿也。"帝曰："中山非我臣乎？"叔卿不应，即失所在。帝甚悔恨，即使使者梁伯之往中山推求，遂得叔卿子，名度世……度世既到，见父上有紫云，覆荫郁郁，白玉为床，有数仙童执幢节立其后。度世望而再拜。叔卿问曰："汝来何为？"度世具说天子悔恨，不得与父共语，故遣使者与度世共来。叔卿曰："吾前为太上所遣，欲戒帝以灾厄之期，及救危厄之法，国祚可延，而帝强梁自贵，不识道真，反欲臣我，不足告语，是以弃去。今当与中黄太一共定天元九五之纪，吾不得复往也。"度世因曰："向与父博者为谁？"叔卿曰："洪崖先生、许由、巢父、王子晋、薛容也……我有仙方，在家西北柱下，归取，按之合药服饵，令人长生不死，能乘云而行。道成来就吾于此，不须复为汉臣也。"度世拜辞而归，掘得玉函，封以飞仙之香，取而按之饵服，乃五色云母，并以教梁伯之，遂俱仙去，不以告武帝也。③

这个故事中有意思的地方是：凡人成仙之后就是方外之人，不再受人间帝王的管辖，不论是先成仙的卫叔卿，还是后成仙的卫度世与梁伯之，都不服从汉武帝的命令。帝王将相只能管凡夫俗子，身份高低贵贱对仙人而言无甚影响，他们宁可在一起玩六博，也不去管帝王凡俗之事。

① 金璐璐：《悲剧意识的消解——论曹植游仙诗的时间和空间意象》，《哈尔滨学院学报》2006年第8期，71—75页。
② 姜生：《六博图与汉墓之仙境隐喻》，《史学集刊》2015年第2期，第18—25页。
③ 葛洪：《神仙传校释》，胡守为校释，中华书局2010年版，第58—59页。

四、成形吃子类棋

有一类棋是轮流下子,构成一定形状后就可以吃掉对方一子;当把规定数量的棋子下完后,就可以走子,例如龙棋、成方等。

(一)龙棋

龙棋又名下连儿、成三棋、三子棋等(见图4-6)。双方轮流下九个棋子,三子连成一线(直线、斜线皆可)即成一条龙,则可吃掉对方一子,但不能吃对方已经成龙的棋子。吃掉棋子的地方不能再下棋子,但走棋的时候可以走。九个子下完后就开始走棋,走棋时一次走一步,直线、斜线都能走,每三子走成一条龙都可吃掉对方一子,同样不能吃对方已经成龙的棋子。哪方棋子被吃完或者没有棋子可走,就算输了。

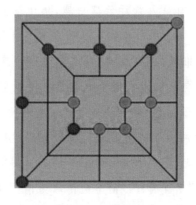

图4-6 龙棋

(二)成方

成方又名摆方或摆龙,双方轮流下18个子,棋子摆成方格形即为成方,则可吃掉对方一子;六个子摆成一条直线即为成龙,则可吃掉对方两子。18个子下完后就开始走子,可横竖走子,但不能斜走。走棋时形成一个方或龙,可吃掉对方一个或两个子。当一方只剩3个子时就算输了(见图4-7)。

五、布子走子吃子类棋

有一类棋是开局之前即布子,走棋时还能吃子,例如老虎棋、围狮棋等。

(一)老虎棋

老虎棋无需特殊的棋盘和棋子,田间地头皆能随地画棋盘,随手捡起石子、棍棒就能下了。老虎棋流传范围很广,不同地方盛行的老虎棋的玩法大同小异,本书选

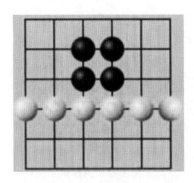

图 4-7 成方

取内黄老虎棋做重点介绍。内黄老虎棋:老虎方 3 个棋子、羊方 15 个棋子,棋盘的横线与竖线各 5 道,没有米字格,有 25 个交叉棋位(见图 4-8)。[①]

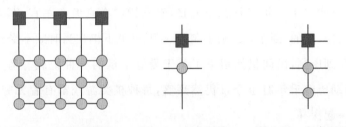

图 4-8 内黄老虎棋　　图 4-9 老虎可跳　　图 4-10 老虎不可跳

布阵之后,羊方先走,羊方每次只能走 1 步。老虎方既可走,也可跳。当出现如图 4-9 的情形时老虎可以跳过羊并吃掉该羊;而出现如图 4-10 的情形时,老虎不可跳棋吃羊。当老虎吃掉 8 个羊的时候,则老虎方胜;当羊把 3 只老虎围困起来时,则羊方胜。

(二)围狮棋

围狮棋也无需特殊的棋盘和棋子,可随手画棋盘下棋。围狮棋的狮子方有 1 个棋子,犬方有 16 个棋子,布局形式如图 4-11 所示,棋盘外 4 个三角形即为陷阱。走子时犬方先走,双方轮流走子,每次都只能走 1 步,直线斜线皆可。吃子的方式是:当狮子走入 2 个犬之间唯一的空棋位时,就吃掉这 2 个犬。当狮子吃掉 10 个犬时,狮子方胜;当犬将狮子逼入任意一个陷阱时,犬方胜;当犬方只是将狮子围困于棋盘中而非陷阱区时,和局。

民俗棋类游戏还有很多,例如牛角棋、八卦棋、猫捉鼠棋等,由于篇幅有限,本书

<hr />

① 罗鉴江:《民间棋类游戏》,农村读物出版社 2000 年版,第 41 页。

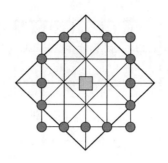

图 4-11　围狮棋

不再赘述。下棋深受广大人民群众的欢迎,尽管《孟子》将沉迷于博弈列为第二大不孝:"世俗所谓不孝者五……博弈好饮酒,不顾父母之养,二不孝也。"①孟子是讲究孝道的儒家学者,此举可见儒家对博弈的反感。朱元璋也曾不许军人下棋,顾起元《客座赘语》记载:"洪武二十二年三月二十五日,奉圣旨:'在京但有军官、军人学唱的,割了舌头;下棋打双陆的,断手;蹴圆的,卸脚。'"②可见下棋在当时颇不受官方待见。

尽管曾经受到压制,民间仍然留下了关于爱好下棋的种种记载。乌飞兔走,日月轮转,下棋活动历经千年时至今日仍然兴盛,每种棋类游戏都有着无穷无尽的奥秘等待着我们一起探寻。

第二节　情感智慧游戏

一、谜语:我猜我猜我猜猜猜

谜语,又被称为"廋辞""隐语",早在《国语》中就记载:"范文子暮退于朝。武子曰:'何暮也?'对曰:'有秦客廋辞于朝,大夫莫之能对也,吾知三焉。'武子怒曰:'大夫非不能也,让父兄也。尔童子,而三掩人于朝。吾不在晋国,亡无日矣。'"③秦国使者在晋国宫廷上说了几个谜语,故意刁难晋国朝臣,而晋国朝堂之上是否解答也有着各自的考虑。可见,当时的谜语可以被用作内政外交的手段来达到特定的目的。后来,知识分子与普通百姓也用或文雅或通俗的方式出谜语、猜谜语。现在人们往往把谜语视为小道,其实,谜语中蕴含丰富的文化主题与解题智慧,对于人的生命实

---

① 孟子:《孟子译注》,杨逢彬译,华东师范大学出版社 2018 年版,第 141 页。
② 顾起元:《客座赘语》,张惠荣校点,凤凰出版社 2005 年版,第 386 页。
③ 《国语》,陈桐生译注,中华书局 2013 年版,第 444 页。

践和学术研究,都有重要意义。

(一)爱情类谜语

如果人们具有游戏精神,懂得运用智慧和机巧,在生活中随时随地幽默处事,会收到意想不到的效果,化解很多难题。

> 有位盐务官被一妇人拦轿,状告丈夫喜新厌旧,这位巡盐御史笑着说:"我是朝廷卖盐官,不管民间吃醋事。"①

这种回复能让在场人会心一笑,佩服他聪明机智。如果这位盐务官摆出官老爷的威风,严厉地斥责这位内心凄苦的妇人,就会让人感觉他是有些儿不近人情,为官的形象也会大打折扣。

面对情感问题,普通女性在大街上拦轿喊冤。宋代才女朱淑真在知道丈夫变心之后,作了一首有名的《断肠谜》:

> 下楼来,金钱卜落。
> 问苍天,人在何方?
> 恨王孙,一直去了。
> 詈冤家,言去难留。
> 悔当初,吾错失口。
> 有上交,无下交。
> 皂白何须问,
> 分开不用刀。
> 从今莫把仇人靠,
> 千里相思一撇消。②

这首词每一句的谜底都是一个数字,从一到十,合在一起词义贯通,场景描述和情感表达都属上乘,表达了作者虽遭遇爱情变故,却不向命运低头的高贵气度。猜这个谜语的时候,我们也忍不住为人间爱情难寻而且不能持久而叹息。

---

① 成云雷:《卖盐官不管吃醋事——同一律》,《趣味哲学》2006 年第 23 期,第 49—50 页。
② 钱虹:《"天易见,见伊难"——从朱淑真的〈断肠谜〉说起》,《名作欣赏》2014 年第 31 期,第 14—15 页。

对比一下汉代才女卓文君的《白头吟》：

皑如山上雪，皎若云间月。闻君有两意，故来相决绝。①

尽管诗、谜体裁不同，但二位才女的文采都很出色。更重要的是，借助诗词和歌谣来表达既看重爱情又洁身自爱的精神风貌，可以维护自身尊严。因为有了生活智慧的支撑，她们的人生就获得了一种内在力量。卓文君作《白头吟》的说法出自葛洪的《西京杂记》，后来有人考证《白头吟》不是卓文君所作，但不论作者是谁，都体现了自强、自爱的风骨。

古代女子在爱情中通常处于弱势，借女子之口表达被弃哀怨的谜语有不少，例如：

偶因一语蒙抬举，反被多情又别离。送得郎君归去也，倚门独自泪淋漓。②

口中细细述说的是谜底"雨伞"，心中流露的却是离情别恨，读来意绪缠绵而情景宛然，如在目前。

底层女性不像才女那样读书万卷，但遭遇的感情问题乃至生死问题却一点都不比才女少，甚至更为严重。据传，有位妇女井边打水时被一男人问路，她指路的时候被小姑看见，回家后就因小姑挑唆而被公婆殴打。婆家不听她的辩解，咬定她与人有染，竟将她活活打死。临死前，她借"灯笼"谜语来剖白心迹："打奴家，有人挑。黑暗夜，明火烧。"这个谜语借物喻人，在不尊重人性的封建底层社会，她受冤枉、被殴打，甚至像蜡烛一样被吹灭，人生陷入永远的黑夜。正所谓"竹丝皮纸纵然密，也怕旁人一口风"，人性之光幽冥微暗，很容易被狂风熄灭，一口气不存，留下无尽的黑暗。

（二）人生感悟类谜语

不仅感情会成谜，人生也会成谜。唐代罗隐题名《蜂》的诗中有流芳千古的名句：

采得百花成蜜后，为谁辛苦为谁甜？③

---

① 汤洪：《〈白头吟〉考辨》，《四川师范大学学报（社会科学版）》2007 年第 5 期，第 141—144 页。
② 石黎钥、徐薇：《汉英谜语比较与翻译》，《英语广场》2022 年第 28 期，第 3—6 页。
③ 张中宇、杨恬：《涉农诗里寻罗隐——"解密罗隐"之三》，《博览群书》2022 年第 10 期，第 49—56 页。

《红楼梦》里用这句诗给王熙凤作了个签：

> 去国离乡二十年，于今衣锦返家园。蜂采百花成蜜后，为谁辛苦为谁甜？行人至，音信迟，讼宜和，婚再议。①

这句"为谁辛苦为谁甜"，将熙熙攘攘、忙忙碌碌的芸芸众生给问住了：我们这样辛苦（甚至"心苦"），到底所为何事？人生的意义，到底是什么？

普通老百姓写不出"为谁辛苦为谁甜"这样的千古诗句，但他们以"蜂"为题作的谜语却也隐含着永恒的追问：

> 圆圆空空一座城，城里城外都是兵。各个都穿黄马褂，你知哪个是朝廷。

再如：

> 黄衣黄甲使黄枪，我上高山卫大王。豺狼虎豹都不怕，就怕秋后一场霜。

一场寒霜来，一场冬雪降，不管千林万壑，总归落得大地一片白茫茫。

对人生意义的追问从未停歇，作为忙碌劳动者的象征，蚕与蜜蜂一样，也被诗人赋予人生意义何在的终极拷问。

唐代秦韬玉在《贫女》中云：

> 苦恨年年压金线，为他人作嫁衣裳。②

宋代张俞在《蚕妇》中云：

> 遍身罗绮者，不是养蚕人。③

这两首诗都蕴含着对"劳者不获、不劳而获"现象的不满，对于自己身世悲苦无

---

① 曹雪芹著：《红楼梦》，无名氏续，脂砚斋批，三秦出版社 2020 年版，第 1063 页。
② 张一南：《晚唐的贫女诗》，《文史知识》2016 年第 10 期，第 26—32 页。
③ 严铭：《宋诗中女性形象锐减的原因探析》，《时代文学》2009 年第 9 期，第 124—125 页。

助的长叹息。

普通老百姓不会多少诗文,但他们清楚地看到了自己的处境像"蚕"一样为他人劳碌的结局:

一个胖姑娘,房子没门窗。一旦被拆破,为人做衣裳。

人生的意义对每个人来说都不一样。《庄子》中云:

巧者劳而知者忧,无能者无所求,饱食而遨游,泛若不系之舟,虚而遨游者也。①

普通劳动者,不能脱离辛苦的工作;或许,劳作之余做一些游戏,歌唱表达游戏精神的歌谣,可以部分化解人生的辛酸与无助。

(三)调侃权贵类谜语

北齐高祖尝宴近臣为乐,高祖曰:"我与汝等作谜,可共射之。'卒律葛答。'"诸人皆射不得,或云是髇子箭。高祖曰:"非也。"石动筩曰:"臣已射得。"高祖曰:"是何物?"动筩对曰:"是煎饼。"高祖笑曰:"动筩射着是也。"高祖又曰:"汝等诸人,为我作一谜,我为汝射之。"诸人未作,动筩为谜,复云"卒律葛答。"高祖射不得,问曰:"此是何物。"答曰:"是煎饼。"高祖曰:"我始作之,何因更作。"动筩曰:"承大家(皇帝)热铛子头,更作一个。"高祖大笑。②

大意是:北齐高祖给众人出了个谜语"卒律葛答",石动筩猜到了是煎饼。然后,高祖让在场诸人也出个谜语给他猜,别人都没出谜语,唯独石动筩出谜"卒律葛答",高祖没猜到就问是什么,石动筩说是煎饼。高祖奇怪地问:"我刚刚作了个煎饼(谜语),你怎么又作一个同样的(谜语)呢?"石动筩答:"趁着皇帝你的锅还热,接着作一个。"高祖大笑,可能在场其他人也笑了。石动筩此刻并没有伴君如伴虎的战战兢兢,而是心态轻松地跟皇帝开玩笑。

---

① 郭庆藩:《庄子集释》,王孝鱼点校,中华书局 2013 年版,第 913 页。
② 林方直:《滑稽——乱同异——〈管锥编〉艺理引义之一》,《阴山学刊》2015 年第 5 期,第 14—20 页。

据说,纪晓岚曾给乾隆作了个谜语"皇帝的脚",谜底是"蹄"。① 敢将牛马之"蹄"拆分为"帝足",进而理解为"皇帝的脚"。当面拿皇帝编谜语打趣实在是大胆,此事也可能只是旁人借纪晓岚之名来编故事娱乐,但也反映出集体潜意识中某种类似"众生平等"的反抗意识:皇帝就调侃不得吗?

不只调侃皇帝时需要小心,打趣官员也需要勇气,有些人是宽以待己、严以律人。《南史》中记载:"刘蒨为晋陵县,爽经途诣之,了不相接,爽甚衔之。俄而爽代蒨为县,蒨遣迎赠甚厚。爽受饷,答书云:'高晋陵自答。'人问其所以,答云:'刘蒨饷晋陵令耳,何关爽事。又有人送书与爽告颎,云:'比日守羊困苦。'爽答曰:'守羊无食,何不货羊籴米。'孙抱为延陵县,爽又诣之,抱了无故人之怀。爽出从县阁下过,取笔书鼓云:'徒有八尺围,腹无一寸肠,面皮如许厚,受打未讵央'……抱善吏职,形体肥壮,腰带十围,爽故以此激之。"②

高爽待人待己的双重标准从上述三件事中就能看出:一,刘蒨因官职变化而对他前倨后恭,他就讽刺刘蒨看人下菜碟;二,当他自己当官后别人向他请求援助时,他并没有帮忙;三,孙抱当官后对他招待不周,他就在鼓上写谜语,表面上是说鼓,其实是讥讽肥壮的孙抱。只能看到别人的缺点而看不到自己的,这本身就是对人性弱点的嘲讽。

(四)自娱自乐类谜语

民间的大量谜语,形象生动,往往都是说身边琐事:

> 兄弟三十不嫌多,先生弟弟后生哥。门口上下弟弟管,出力重活找大哥。
(牙齿)
>
> 出生同一天,住在山两边。说话听得见,从来不见面。(耳朵)
>
> 看着是我不是我,我去踩他他不躲。一举一动都学我,我到哪里他跟着。
(影子)
>
> 木瓢嘴,蒲扇脚。只会走,不会跑。不脱衣裳就洗澡。(鸭子)
>
> 头戴红帽子,身穿白袍子。唱歌伸脖子,走路摆架子。(鹅)
>
> 绿裥裥,红嘴巴,不动脑筋会说话。教他啥,就说啥,不怕人家笑话他。(鹦鹉)

---

① 曾纪岚:《中国帝王与谜语》,《怀化师专学报》1995 年第 3 期,第 74—78 页。

② 汪春泓:《六朝文人的戏谑》,《古典文学知识》2018 年第 4 期,第 22—30 页。

大眼睛,阔嘴巴,说起话来呱呱呱。小时不长脚,长大没尾巴。(青蛙)

老百姓不仅编制物谜,也喜欢用通俗易懂的方式来编字谜,字谜并不只是学富五车的文人墨客可以垄断的专业。例如:

一口小锅炒芝麻,炒了三个掉了俩。(心)

王大娘,白大娘,一起坐在石板上。(碧)

牛在上,口在下,一口咬掉牛尾巴。(告)

高家的头,李家的脚,陈家的耳朵挂右角。(郭)

在工余饭后,插科打诨,谈笑风生,也算是民众给自己平凡生活增添调味料。

二、对联:押韵合辙的一对好朋友

对联又被称为"楹联""楹帖",历史悠久。王安石在《元日》中云"千门万户曈曈日,总把新桃换旧符",此处的桃符就是对联。对联既包括贴在门框的吉利话,也包括文人对对子的智慧博弈。

(一)小题目、大意思的对联

据《簪云楼杂说》载:"春联之设,自明孝陵也。帝都金陵,于除夕前忽得传旨,公卿士庶家门上,须加春联一副。帝亲微行出观,以为笑乐。偶见一家独无,询知为豕苗者,尚未倩人耳。帝为大书曰:双手劈开生死地,一刀割断是非根。投笔径去,校尉等一拥而去。嗣帝复出,不见悬挂,因问故。云:知是御书,高悬中堂,燃芗祝圣,为献岁之瑞。帝大喜,赍银五十两,俾迁业焉。"①

大意是朱元璋在除夕前下旨,要求所有人家门口都要贴对联,然后他微服出游,观看春联以娱乐。看到有户人家没有贴,询问得知这家以阉猪为业,还没来得及请人写,于是,朱元璋就亲自写了副霸气的对联"双手劈开生死路,一刀割断是非根"。后来,朱元璋又去看,发现这家还是没贴对联,原来是将对联供起来了,就高兴地赏了银钱。作为开国皇帝,朱元璋非常勤政,在处理军国大事之余去赏玩乃至亲自书写对联,这也是难得被游戏精神滋养的时刻了。

民间的小小理发店,甚至厕所,也都能贴出威风凛凛的好对联。"虽为毫末技

① 傅华辰:《朱元璋与对联》,《宿州学院学报》2017年第4期,第53—55页。

艺,却是顶上功夫"①,真有豪气干云的气概。"世间贞洁烈女,入内宽衣解裙;天下英雄豪杰,到此忍气吞声",古时厕所的卫生状况不像现代化的卫生间那样干净舒适,然而,这样的地方却让豪杰都要低头服输,也算得厉害。

据说,有户人家有三个儿子,老大卖爆竹,老二卖粮食,老三做厨师。有好事者帮他们家写了副对联"惊天动地门户,数一数二人家",横批"先斩后奏"。② 上联、下联与横批分别对应三兄弟的职业,虽是升斗小民,却也有不俗的气势。

（二）智慧机智、针锋相对的对联

据传,明代学士解缙家对着一片竹林,他就写了副对联"门对千竿竹,家藏万卷书"。竹林主人看到后,就下令砍掉竹子,解缙见此情景,就在上下联后各加一个字,变成了"门对千竿竹短,家藏万卷书长"。竹林主人恼了,下令将竹子连根刨去,解缙又各加了一个字,变成了"门对千竿竹短无,家藏万卷书长有"。③ 可见,外在景物的不足,可以由内在智慧来弥补。

据传,有人出了个刁难、侮辱性的上联:二猿伐木深山,小猴子也敢对锯。应对的人答道:一马陷足污泥,老牲口怎能出蹄。④ 这副对联采用了谐音法,"对锯"谐音"对句","出蹄"谐音"出题"。对出这火药味十足的对联的主人公,一说是老学究与解缙,一说是杨国忠与李白,亦有可能是旁人作对,附会到名人身上。

据传,有个太监看见纪晓岚穿着皮袍拿着折扇,就戏谑地说:"小翰林,穿冬衣,持夏扇,一部春秋曾读否?"纪晓岚听到太监是南方口音,就辛辣地回应:"老总管,生南方,来北地,那个东西还在吗?"⑤纪晓岚的回应,直接就是赤裸裸地打人脸、揭人短了。

上述"竹、书"的对联,智慧而不失风雅,而"猿、马"的对联寸步不让,"春秋、东西"的对联直接就是人身羞辱了。但不管怎样,虽然附加情绪不同,但内核都是互不相让的争锋。

（三）图吉利的对联

人们辛苦了一年,过年的时候贴个对联、图个喜庆,这也是对自己的犒劳。据传,有位书法家过年时写对联贴在家门外,旁人爱慕其字,就屡次将对联偷走,一直

① 尤磊:《联语趣谈》,《华夏文化》1995 年第 2 期,第 42—43 页。
② 盛丽梅:《论对联的起源发展及文化内涵》,《湖北开放职业学院学报》2022 年第 2 期,第 122—126 页。
③ 朱虹:《解缙急智巧对》,《当代江西》2022 年第 9 期,第 62—63 页。
④ 吕广为:《双关例论》,《语文学刊》1995 年第 6 期,第 43—46 页。
⑤ 郭文卿:《纪晓岚对联趣闻》,《中国物资再生》1996 年第 7 期,第 39—42 页。

偷到过年前一天。于是,书法家写了副"福无双至,祸不单行"贴在门外,果然没人偷了。趁晚上,书法家在后面加了几个字,变成"福无双至今朝至,祸不单行昨夜行",①将晦气话转为吉利话。不过,此事真假仍然存疑,因为过年是讨口彩、图吉利的时候,不大可能将祸不单行这种话贴在门外,即便是后面有转折也不合适。下面两则或真或假的故事可以验证中国古人对讨口彩的迷信:

有户人家连年打官司,过年的时候,父子三人聚在一处,商量要说几句吉利话。父亲说"今年好",大儿子说"晦气少",小儿子说:"不得打官司。"说完,大家高高兴兴地将这几句话写下来:今年好晦气少不得打官司,并贴在墙上。然而,女婿来拜年的时候念道:"今年好晦气,少不得打官司。"②

有位财主做生意,请人写对联,要求包含"酒好、醋酸、猪肥、人旺、财旺,没有老鼠"的意思。很快,对联写好了,"养猪大如山,老鼠只只死;酿酒缸缸好,做醋坛坛酸",横批"人多、病少、财富"。贴出去后,立刻就有人读为"养猪大如山老鼠,只只死;酿酒缸缸好做醋,坛坛酸",横批"人多病,少财富"。③

这两则故事很可能都是编撰出来说笑的,古人诸多忌讳,类似"祸""晦气""死""病"等词语,在喜庆的日子都不许说出口,更不用说写出来、贴出去了。普通百姓家贴的对联,可能词语直白、意思浅显,但必然都是吉利话。

然而,任何压制都必然导致反弹,无论这种压制有多少名目正确、冠冕堂皇的说辞。越是不让说的忌讳,潜意识里越是想说。故而,在这方面编出些笑话,用被压抑的忌讳来取乐,也是一种有效的放松方式,有利于人的心理健康,比板着脸、端着架子,可爱多了。例如这样的对联:"宰相合肥天下瘦,司农常熟世间荒。"(晚清宰相李鸿章是合肥人,司农翁同龢是常熟人)。这个对联表现出对官僚缙绅与贫苦百姓之间的鸿沟的无奈感叹和冷嘲热讽。

三、童谣:从荧惑谶语到童子之情

"谣"字可用于"谣言",也可用于"歌谣"。早期的童谣,往往被打上"谣言、谶语"的底色,明朝以后才逐渐把主角归还给儿童,形成富有民心和童趣的"歌谣、民谣"。

---

① 孙惠民:《对联趣话》,《内蒙古人大》2018 年第 12 期,第 47—48 页。
② 万建中:《禁忌民俗的式微——以民间叙事文学为考察对象》,《北京师范大学学报(人文社会科学版)》2001 年第 6 期,第 36—42 页。
③ 邹巧妹、白解红:《汉语楹联的认知语义研究》,《湖南师范大学社会科学学报》2019 年第 3 期,第 93—101 页。

《史记》中记载：宣王之时，童女谣曰："檿弧箕服，实亡周国。"①"檿弧箕服"直译是"桑木做的弓和箕草做的箭袋"。后来，周宣王听到童谣后，下令捕杀卖弓箭的一对夫妇。这对夫妇在逃亡的路上收养了一个被遗弃的女婴，然后逃到了褒，此女即为褒姒。后来，就发生了大家耳熟能详的"烽火戏诸侯"之事，西周灭亡。作为中国传统童谣的"始祖"，这首宣王时的童谣毫无儿童的天真，而是将关怀赫然放在了王朝的兴衰更替上，且充满了神秘、恐怖气息。② 这种所谓的童谣，全然不顾儿童的主角地位和主体感受，不过是拿儿童做幌子，兜售改朝换代的政治合理性而已。

为什么要赋予童谣神秘莫测的力量？古人认为，童谣是荧惑驱使无知无识的儿童传唱而流行的谶语。荧惑与童谣是怎么联系起来的？《晋书》中写到："凡五星盈缩失位，其精降于地为人。岁星降为贵臣；荧惑降为童儿，歌谣嬉戏；填星降为老人妇女；太白降为壮夫，处于林麓；辰星降为妇人。吉凶之应，随其象告。"③

言之凿凿，仿佛五星降地的角色扮演被书籍作者亲眼所见了似的。总之，童谣是荧惑前来预告吉凶的说法广为流传。直到明代，王阳明提出"致良知"说，认为良知是"天植灵根"，"众人自孩提之童，莫不完具此知"。正因如此，王阳明主张儿童教育应顺应"童子之情"，通过"诱之歌诗""导之习礼""讽之读书"来引导儿童发展，其中的"歌诗"与童谣已经很接近了。王阳明的教育观，反映了尊重儿童天性的儿童观，这与此前"荧惑说"中反映的将儿童视为成人心机城府利用对象的儿童观截然不同。在王阳明之后，童谣终于挣脱了"荧惑说"的枷锁束缚，向"童子之情"回归。在明代的文学作品中，杨慎的《古今风谣》与王阳明同时代，而吕坤的《演小儿语》、朱国祯的《涌幢小品》、刘侗与于奕正的《帝京景物略》则都在王阳明之后。明代作品中收录的童谣，少了别有用心的神秘，多了清新自然的本来面目。

李贽在《焚书》中云："天下之至文，未有不出于童心焉者也。"故而教育虽然要让儿童读书，但更重要的是"护此童心而使之勿失"，因为"夫童心者，绝假纯真，最初一念之本心也。若失却童心，便失却真心；失却真心，便失却真人"④。我们现在能看到这么多古代流传下来的童谣，真要感谢王阳明。

王阳明之后，童谣的面貌发生了根本的嬗变。至清朝，有所顿挫，但根本趋势并未逆转。我们今天看到的大量充满天真童趣的童谣，都是明代以后的作品。

---

① 司马迁：《史记（上）》，北京燕山出版社 2017 年版，第 26—27 页。
② 张梦倩：《中国传统童谣研究——在教育世界的边缘》，山西教育出版社 2012 年版，第 26 页。
③ 房玄龄等：《晋书》，中华书局 1974 年版，第 320 页。
④ 李贽：《焚书》，中华书局 1961 年版，第 97 页。

（一）颠倒歌

颠倒歌或叫儿戏歌，故意把事情反了说，有一种独特的幽默戏谑。

《孺子歌图》里有一首《人咬狗》：

> 忽听门外人咬狗，拿起门来开开手。
> 拾起狗来打砖头，又被砖头咬了手。
> 骑了轿子抬了马，吹了鼓，打喇叭。①

北京有《希奇希奇真希奇》：

> 希奇希奇真希奇，麻雀踩死老母鸡，
> 蚂蚁身长三尺六，八十岁的老头儿，坐在摇篮里。②

再比如，山东曹县有首童谣是这样唱的：

> 说胡拉，就胡拉，寒冬腊月种棉花。
> 锅台上头撒种子，鏊子底下发了芽。
> 拖着几根葫芦秧，开了一架眉豆花。
> 结了一个大茄子，摘到手里是黄瓜。
> 舀到碗里是芝麻，吃到嘴里是豆渣。

这样的儿戏歌或颠倒歌，风趣搞笑，又有很强的节奏和韵律，深受儿童喜爱。儿童的想象天马行空，并不将现实视为理所当然，总喜欢加入自己的联想，比如，事物颠倒过来是什么样子呢？何止儿童，有些成人也会忍不住做此想象，例如，有首咏泰山的诗是这样的："远看泰山黑乎乎，上头细来下头粗。有朝一日倒过来，下头细来上头粗。"诗的作者，一说张宗昌，一说韩复榘，他们都是手握重兵的"土皇帝"，性情在粗暴之外，却又有孩童般的天真。

---

① 何德兰：《孺子歌图》，徐晓东译，浙江人民美术出版社 2017 年版，第 46 页。
② 蒋风：《中国传统儿歌选》，广西人民出版社 1983 年版，第 177 页。

（二）连珠歌

连珠，意思是词句连续，历历如贯珠，西晋文学家陆机写过《演连珠》。[①] 童谣中的连珠歌或连锁歌，也采用顶针续麻的方式，将一些风马牛不相及的事物串接起来。

清代《天籁集》中有连珠的民谣：

> 夹雨夹雪，冻杀老鳖。
>
> 老鳖看经，带累观音。
>
> 观音戴伞，带累总管。
>
> 总管着靴，带累爹爹。
>
> 爹爹著木屐，带累瞎搕石。

世间万物的联系，有时的确很奇妙，所谓"蝴蝶效应"，就是说一个微不足道的细节改变，都有可能引发复杂的连锁反应，发生意想不到的变化。在这首童谣中，大慈大悲的观音菩萨，以及总管、爹爹、瞎搕石等都被老鳖带累。虽然逻辑不那么严密，但也符合此书作者郑旭旦所作的评语："此与下篇皆随韵粘合，绝无文理，然绝世奇文，有不必文理而妙绝千古者，此类是也。"[②]

北京的童谣《古铜钱》是这样唱的：

> 古铜钱，挂门帘；
>
> 门帘高，买铡刀；
>
> 铡刀快，切青菜；
>
> 青菜青，买张弓；
>
> 弓没弦，买只船；
>
> 船没头，买头牛；
>
> 牛没爪，买头马；
>
> 马没鞍，买只鸢；
>
> 鸢没肚，买只兔；

---

① 谷倩倩：《陆机〈演连珠〉研究》，河北大学硕士学位论文，2018 年。

② 陆建德：《"天地之妙文"——咸同时期杭州歌谣〈天籁集〉》，《杭州师范大学学报（社会科学版）》2021 年第 3 期，第 65—73 页。

兔没蹄,买只鸡;

鸡不叫,狗不咬,

都叫狸花猫偷着吃了。①

广西童谣《懒汉懒》是这样唱的:

懒汉懒,织毛毯,

毛毯织不齐,就去学编篱。

编篱编不紧,就去学磨粉。

磨粉磨不细,就去学唱戏。

唱戏不入调,就去学抬轿。

抬轿抬得慢,只好吃白饭。

白饭吃不成,只好苦一生。②

广东童谣《月光光》:

月光光,秀才娘;骑白马,过莲塘;

莲塘背,种韭菜;韭菜花,结亲家。③

浙江有首童谣是这样唱的:

燕呀燕,飞过天。天门关,飞上山。

山头平,好种栗。栗出角,好种粟。

粟头摇,摇过桥。桥上打花鼓,桥下娶新妇。

娶个癫头新妇搭麦鼓,麦鼓碎,喂表妹。

表妹几时嫁? 天亮后日嫁。嫁何人? 嫁邻舍。

邻舍穷,嫁相公。相公大介介,嫁田蟹。

田蟹八只脚,嫁喜鹊。喜鹊高高飞,嫁拨老雄鸡。

---

① 王文宝:《北京民间儿歌选》,浙江人民出版社 1982 年版,第 85 页。

② 蒋风:《中国传统儿歌选》,广西人民出版社 1983 年版,第 246—247 页。

③ 纪玲妹:《民国歌谣集》,南京师范大学出版社 2018 年版,第 160 页。

老雄鸡打更,嫁小生。小生勿做戏,嫁拨老皇帝。

老皇帝勿管天下,嫁白马。白马吆鞭,嫁拨黄蒲鳝。

黄蒲鳝勿打洞,嫁拨烂眼凤。烂眼凤双眼烂糟糟,嫁拨老黄猫。

猫勿捉老鼠,嫁拨石潭乌龟子,三榔头敲勿死。

这首童谣用嘲弄的语气将表妹选婿的过程一一道出,最终挑中了三榔头都敲不死的乌龟,风格诙谐幽默,读来令人捧腹。

民间故事《老鼠嫁女》主题与此相似。老鼠爸爸在选婿的过程中,先是相中太阳,但是太阳怕黑云。然后,黑云怕风,风怕墙,墙怕老鼠,这些候选人老鼠爸爸都看不中,最终将女儿嫁给猫,被猫一口吃掉了。这里涉及文化人类学研究中的一个重要主题:婚姻制度和实践。其中涉及政治联姻、资源分配和利益交换等,并非只有青春浪漫的爱情。民谣中透露出来的风趣、幽默和嘲讽,往往针对那些牺牲年轻人的幸福去换取家族权势和利益的政治婚姻,因而具有跨时代、跨民族的艺术感染力和批判精神。

(三)年岁节日歌

传统社会重视年岁节日,童谣里也会反映逢年过节的民俗文化。例如,《孺子歌图》中就有这样的童谣:

新年来到,糖瓜祭灶。

姑娘要花,小子要炮。

老头子要买新毡帽,

老婆子要吃大花糕。[1]

短短几句,把过年前的热闹生活场景都描绘出来了:要吃、要玩、要打扮、要祭神。而且,在老百姓的想象中,灶王爷和蔼可亲,还可以商量谈判,例如,有首童谣是这样唱的:

灶王爷,本姓张。

一碗凉水三炷香。

---

[1]　何德兰:《孺子歌图》,徐晓东译,浙江人民美术出版社2017年版,第152页。

> 今年小子混得苦，
> 明年再吃关东糖。①

　　这首童谣很有画面感，仿佛能看见一个没钱买糖祭祀的人在和灶王爷攀交情、打招呼。儿童一边唱着童谣，一边玩祭拜的游戏，潜移默化中也有助于他们养成在困境中乐观向上的态度。

　　有首元宵节的童谣也很有意思：

> 正月里，正月正。
> 七个老西去逛灯。
> 反穿皮袄还嫌冷，
> 河里的王老八他怎么过冬？②

　　"花市灯如昼"的场景当然会吸引儿童参与，但这首童谣的关注点不在于灯而在于天气，从关心人冷不冷，移情到关心河里的王老八怎么过冬。有好奇，有嘲弄，还有对自然景物的观照与思考。

　　(四)关于女性命运和婚嫁的童谣

　　中国古代社会，女性在大多数时候都属于弱势群体，尤其是出嫁后，很多女性过着凄惨的生活。有些童谣也会反映这样男尊女卑的现实。类似关于抢亲的童谣有：

> 一个姐妮三寸长，
> 住在茄树下乘风凉。
> 长脚蚂蚁扛仔去，
> 笑煞亲夫哭煞娘。③

　　姐妮指的是昆虫纺织娘，三寸长是夸张了。这首童谣表现了抢亲的场景：姑娘好端端地乘凉，突然被扛走了，丈夫固然高兴地笑，可妈妈却忍不住伤心流泪。

---

　　①　沈利华：《"祭灶"民俗文化心理论析》，《学海》2005 年第 5 期，第 141—146 页。
　　②　韩丽梅、吕家瑞、张鹏燕：《河北童谣的"生活美"》，《河北民族师范学院学报》2018 年第 2 期，第 7—13 页。
　　③　关溪莹：《滑稽儿歌与现代儿童教育》，《民族文学研究》2004 年第 3 期，第 114—118 页。

民间另有关于嫁女儿的童谣：

> 杜梨儿树，开白花，养活丫头作甚么？
>
> 拿起剪子瞎嘎搭，嘎搭会了给人家。
>
> 爹也哭，娘也哭，女婿过来劝丈母：
>
> 丈母丈母你别哭，我家还有二斗谷。
>
> 碾小米儿，熬豆粥，饿不死你家的秃丫头。

这首儿歌直言：养女儿是没有用的，养大一点了就要给人家，而且嫁人了还被丈夫视为需要被养活的累赘，惹得爹娘哭泣。美国传教士明恩溥曾指出："几乎所有中国人都明白无误地断言：花费时间、精力和钱财去提供将成为别人家儿媳妇的女儿读书是十足的浪费。"[1]

还有关于女性结婚后干活、挨打的童谣：

> 新嫂嫂，脚又小，才来三天就上灶。
>
> 弄得饭菜味勿好，惹得公婆性燥了：
>
> 公一棒，婆一鞭，打得媳妇苦涟涟。[2]

这是一位做饭不合公婆口味而挨打的新媳妇，但做饭好吃的媳妇同样也会挨打：

> 黄狗黄狗你看家，我到南边儿采梅花。
>
> 一朵梅花没采了，亲家太太到我家。
>
> 我家媳妇会擀面，擀到锅里团团转，挑在碗里一条线。
>
> 公一碗，婆一碗，小姑两碗他两碗。
>
> 猫儿来了舔舔碗，狗儿来了砸了碗。
>
> 婆婆拿着半头砖，公公拿着一条鞭，打的媳妇儿一溜烟。[3]

① 明恩溥：《中国乡村生活》，陈午晴、唐军译，中华书局 2006 年版，第 207 页。

② 《中国歌谣集成·上海卷》编辑委员会：《中国歌谣集成·上海卷》，中国 ISBN 中心出版社 2000 年版，第 533 页。

③ 董森：《旧社会妇女们的心声——漫谈我国传统妇女歌谣》，《民间文学论坛》1983 年第 2 期，第 46—56 页。

这首童谣着实令人心酸，女性离开父母亲人，嫁到陌生的人家去，虽然很会擀面，但是待遇不好，而且还要被公公婆婆拿着砖头打、鞭子抽。难怪父母在娶媳妇时笑哈哈，在嫁女儿时流眼泪。

用歌谣来传唱，似乎并不是要故意宣扬男尊女卑，反而让人在苦笑中感受到一丝慰藉。幽默感可以冲淡命运的苦楚。心理治疗领域也有这样的理念：看见即疗愈。叙事治疗的疗愈作用，原因即在于此。

（五）潜移默化的教化童谣

《孺子歌图》中有首童谣这样唱：

> 偷人的针，偷人的线，长个针眼叫人看。
> 偷人的猫，偷人的狗，长个针眼叫人瞅。[1]

这首童谣讲述了偷东西的坏处，即不仅长针眼，而且长针眼会被人看见、笑话，这对儿童来说很可怕，不能接受。所以，孩子就知道了：不能偷人家东西。

同样是在《孺子歌图》中，还有一首类似的童谣：

> 歪戴帽斜插花，寻了个媳妇会耍叉。
> 苦披着袄趿拉鞋，寻了个媳妇爱吃茄。[2]

这首童谣讲述了不注重仪容仪表的坏处，即未来娶的媳妇"会耍叉""爱吃茄"。叉是北方农村常见的农具，可以用来叉麦秸、稻草，也可以用来打架。故而，会耍叉的彪悍女人，如果打起丈夫来，实在让人难以招架。可是为什么要拿爱吃茄子说事呢？对于不爱吃茄子的男孩来说，娶个老婆爱吃茄，天天逼我吃茄子，还让人活得了吗？！童真气息，跃然纸上。

这两首童谣都有吓唬人的意味，但整体的氛围又是轻松戏谑的。这种话语有感染力，比说教的方式更容易实现道德的教化。

有些童谣，一边唱一边做动作：

---

[1] 何德兰：《孺子歌图》，徐晓东译，浙江人民美术出版社 2017 年版，第 117 页。
[2] 何德兰：《孺子歌图》，徐晓东译，浙江人民美术出版社 2017 年版，第 42 页。

橄,橄,橄老米。

开了锅,煮老米。

你不吃,我喂你。①

游戏时,两个儿童背靠背,互相挽着手臂,轮换着将对方背起来再用力往地上砸,就像是在"橄老米"。关于炒黄豆的童谣也属此类:

炒,炒,炒黄豆,炒好黄豆翻跟头。②

与此类似的还有炒蚕豆:

炒蚕豆,炒豌豆,

咕碌咕碌翻跟斗。

翻跟斗,不撒手,

炒熟豆豆喂牛牛。③

当然,玩的时候不是真的翻跟头,而是两个儿童四手交握、相对而立,一遍唱完后就侧身翻转,变成背对背,再唱一遍后再次侧身翻转,又变成面对面。

教育与学习,都应该充满生机和活力。唱童谣时,幼儿就像操纵物体一样来操纵语句,将语音和词句当作有着多种玩法的玩具。儿童随心所欲地吟唱出来的早期语言,对后来的口语和读写能力的发展,有不可忽视的基石作用。

---

① 何德兰:《孺子歌图》,徐晓东译,浙江人民美术出版社 2017 年版,第 90 页。

② 杨畅:《浅谈中国民间童谣游戏对幼儿社会性发展的积极影响》,《教育教学论坛》2012 年第 32 期,第 272—273 页。

③ 吴珹:《100 游戏儿歌》,河北人民出版社 1982 年版,第 50 页。

第五章　制作与象征游戏

　　本书所说的制作与象征游戏,主要是指技艺制作和象征性意义表达的游戏,主要体现工艺和人文意义。英文有"make-belief"一说,即制作一个东西并相信其意义的真实性。人在幼儿阶段已经具备了初步的象征能力。人们终其一生都在运用象征的能力,建构生活的丰富意义。制作与象征游戏集中体现了人类的创造性潜能。

第一节　偏重制作的游戏

一、小驴儿(猪)推磨

　　秋天枣子成熟时,孩子不仅吃枣子,还会用枣子做玩具,其中最为有趣的就是小驴儿推磨或小猪推磨了。

　　学者王文宝记载了小驴儿推磨的制作方法:

　　　　先将一个枣儿尖的一端咬去枣肉、露出核尖儿,然后在其底部距离均等地插上三根长约半寸的细篾儿,放在平地上,核尖儿要正直向上不能歪斜,一个"磨台"便做成了。再折取四五寸长的一段细篾儿,光滑面向上,两端各插一尖头朝上竖立的枣儿,成一扁担状,放在"磨台"的枣核尖儿上,保持平衡,用手指轻轻一拨即可转动,好像农村里两人推磨的样子,孩子们给它取了个好听的名字曰"小驴儿推磨"。①

----

① 王文宝:《中国民间游戏》,华龄出版社 2011 年版,第 172 页。

学者郭立诚也记载了小猪推磨玩具的制作方法：

> 秋天枣熟了，打下枣儿又吃又玩，我们拿长圆形的枣做小猪推磨。做法是先用一个比较大的枣，一头插上三个牙签当作磨台，样子好像是用三脚架支起来的照相机一样，再把上面部分用小刀挖去枣肉，露出枣核尖。另用一条三四寸长的小竹片，一头插上一个枣当作轴，另一头也插上一个枣，枣上插了四根牙签作猪脚，用纸剪两片猪耳朵和一条小尾巴，用糨糊一贴，就成了一头肥胖的小猪。然后把竹片放在支架的枣核尖上，用手指轻轻一推，就可转动。不过两端插的枣儿要一样大小，否则一头重一头轻那就不能动了。①

小驴儿推磨、小猪推磨，只是名字不同，其中的童趣、创造性、造型性则是共通的。笔者简化了两位前辈的制作方法，并将方法教给一个 6 岁幼儿。该幼儿吃了很多枣子，遇到甜美多汁的就吃下肚，不够甜的才拿来做玩具，最终做出了简易版的小驴儿推磨（见图 5-1），然后高高兴兴地玩起假装磨豆腐的游戏。

图 5-1　小驴儿推磨

二、泥饽饽

饽饽本是满语词汇，是对面食的统称。泥饽饽，是儿童用泥巴做出各种小玩具，包括用模子做泥饽饽（见图 5-2）和不用模子而直接用手捏泥饽饽两种。"用泥土烧成的模子，最初大概只有糕饼的样式，就取名为泥饽饽。"②这也解释了泥饽饽的命名由来。

---

① 郭立诚：《中国民俗史话》，百花文艺出版社 2004 年版，第 87 页。
② 郭立诚：《中国民俗史话》，百花文艺出版社 2004 年版，第 88 页。

明代刘侗、于奕正在《帝京景物略》中记载："是月（三月），小儿以钱泥夹穿而干之，剔钱，泥片片钱状，字幕备具，曰泥钱。"①儿童用铜钱夹住泥巴，泥巴就形成了钱的形状，这应该就是早期磕泥饽饽的雏形了。

儿童将泥巴摔揉至筋道，然后就能或磕或捏着玩了。儿童边玩泥巴边唱儿歌：

泥泥饽饽，泥泥人儿，

老头儿喝酒不让人儿。

另有儿歌：

胶泥瓣儿，使劲摔，

刻了爷爷，刻奶奶。

爷爷戴着一顶春秋帽，

奶奶戴着一枝凤头钗。②

精细的"春秋帽""凤头钗"估计儿童是做不出来的，但是唱的时候押韵顺口，给磕泥巴的过程增加了许多乐趣。

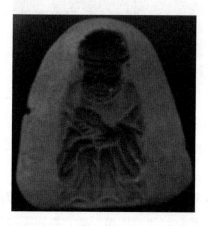

图 5-2 泥饽饽的模子

---

① 刘侗、于奕正：《帝京景物略》，上海远东出版社 1996 年版，第 116 页。
② 牛建军、赵斌：《中华传统民间游戏常识》，中州古籍出版社 2014 年版，第 186 页。

三、泥叫鸡

泥叫鸡（见图5-3）的原理与哨子类似，只是外形像公鸡，即把泥捏成公鸡的形象，鸡嘴到肚子有通道，儿童将嘴对着公鸡嘴吹，便发出响声。货郎有卖这种泥叫鸡的，儿童自己也可以做，试举一例儿童自己做泥叫鸡的过程：

> 六岁之前，我和我的小伙伴发现水浸的白胶泥。我们便抠出来做泥叫鸡。一天又一天地反复地做。终于有一天，我成功了，做出的泥叫鸡，在太阳下晒到半干后，吹叫了！可吹着、吹着，声音嘶哑了。仔细一看，有一细泥片堵塞了肚下的筷子头大小的圆洞。我用芦苇片挑开后，又吹得叫了。在这叫声的山鸣谷应中，我仿佛一下子长大了似的，心里有一种难以形容的甜美。

游戏以其特有的魅力吸引儿童，让儿童拥有自由想象的空间，对儿童创造力的发展起着重要作用。游戏可以为儿童提供没有压力，但需要毅力的良好的解决问题的环境，培养儿童解决问题的心理条件基础。在游戏环境中，有利于孩子思考问题和处理问题，并取得成功，从而培养自信心与坚持性。

如今，泥叫鸡踪迹难觅，现在超市里常见绝望鸡（见图5-4），绝望鸡是塑料制成，一捏就会发出绝望的惨叫声，被称为减压神器。

图5-3　泥叫鸡　　　　　图5-4　绝望鸡

四、兔儿爷

旧时的中秋节，北方多地都有制作应节应令的兔儿爷（见图5-5），这是人们以月宫玉兔为原型，用泥土塑造成的。关于兔儿爷的传说是：有一年瘟疫泛滥，月宫玉兔下凡治好了很多人。人们为了感谢玉兔,就制作了千姿百态的玉兔形象,将其亲切地尊称为"兔儿爷",并在中秋节供奉。

图 5-5　兔儿爷

老北京还有关于兔儿爷的童谣:

> 紫不紫,大海茄,
> 八月里供的是兔儿爷。
> 自来白,自来红,
> 月光码儿供当中。
> 毛豆枝儿乱哄哄,
> 鸡冠子花儿红里个红,
> 圆月儿的西瓜皮儿青。
> 月亮爷爷吃得哈哈笑,
> 今晚的光儿分外明![1]

兔儿爷有着悠久的历史。明代纪坤在《花王阁剩稿·戏题(并序)》中写道:

> 京师中秋节,多以泥抟兔形,衣冠踞坐如人状,儿女祀而拜之。[2]

① 崔岱远:《今晚的月光分外明》,《国际人才交流》2022 年第 9 期,第 52—54 页。
② 曾艺:《癸卯兔年迎新春——中国兔文化漫谈》,《农村·农业·农民(A 版)》2023 年第 2 期,第 57—59 页。

徐珂在《清稗类钞》中记载：

> 中秋日，京师以泥塑兔神，兔面人身，面贴金泥，身施彩绘，巨者高三四尺，值近万钱。贵家巨室多购归，以香花饼果供养之，禁中亦然。①

清代富察敦崇撰的《燕京岁时记》中记载：

> 每届中秋，市人之巧者用黄土抟成蟾兔之像以出售，谓之兔儿爷。有衣冠而张盖者，有甲胄而带纛旗者，有骑虎者，有默坐者。大者三尺，小者尺余。其余匠艺工人无美不备，盖亦谑而虐矣。②

随着时间的推移，兔儿爷逐渐由祭月工具转变为儿童玩具，寓尊天敬神于娱乐之中。演变成儿童玩具之后的兔儿爷，工匠会巧妙地使其有些部位能够活动。例如，有的兔儿爷的头和身体之间由弹簧连接，能够摇头晃脑；有的兔儿爷的肘关节和下颌能活动，俗称"叭哒嘴"，深受儿童喜爱。沈太侔在《春明采风志》就曾记载："其制空腔，活安上唇，中系以线。下扯其线，则唇乱捣。"③

到了近代，兔儿爷的形象愈发美丽生动。老舍在《四世同堂》中对兔儿爷的描述是：

> 小兔儿的确作得细致：粉脸是那么光润，眉眼是那么清秀，就是一个七十五岁的老人也没法不像小孩子那样的喜爱它。脸蛋上没有胭脂，而只在小三瓣嘴上画了一条细线，红的，上了油；两个细长白耳朵上淡淡地描着点浅红；这样，小兔儿的脸上就带出一种英俊的样子，倒好像是兔儿中的黄天霸似的。它的上身穿着朱红的袍，从腰以下是翠绿的叶与粉红的花，每一个叶折与花瓣都精心地染上鲜明而匀调的彩色，使绿叶红花都闪闪欲动……他心中的眼睛已经看到，他的棺材恐怕是要从有日本兵把守着的城门中抬出去，而他的子孙将要住在一个没有兔儿爷的北平；随着兔儿爷的消灭，许多许多可爱的，北平特有的东西，

---

① 徐珂：《清稗类钞（第一册）》，中华书局 1984 年版，第 32 页。
② 富察敦崇：《燕京岁时记》，北京古籍出版社 1983 年版，第 79 页。
③ 张峻：《兔爷元素在文创产品设计中的应用研究》，《艺术与设计（理论）》2015 年第 11 期，第 95—97 页。

也必定绝了根!①

那时的北平已经沦陷了,祁老太爷感觉"日本已经不许他过节过生日"。当此之时,美好的兔儿爷已不仅仅只是玩具,更是凝聚着集体记忆、代表文化身份的重要标志。不论世事如何变幻,总有好物带给人以柔软与温暖。此等传统玩具,值得我辈传之后世,让子孙后代的童年多一丝美好。

五、秸秆玩具

农村田野里有很多的秸秆,比如稻草、麦秸、蒲草、秫秸秆等。乡民会用这些秸秆做成许多实用器具,如筐、篮、草帽、草鞋、蓑衣等,手工艺人能用它们制作琳琅满目的工艺品。由于秸秆轻便灵巧,儿童也能用它们做成很多玩具,例如高粱秸秆小房(见图 5-6)、稻草人(见图 5-7)等。

图 5-6　高粱秸秆编制的房舍　　　　图 5-7　稻草人

秸秆是低结构玩具,用途多样,可供儿童探索各种玩法,培养儿童的动手能力、想象力、创造力与美感,对儿童的发展有着重要意义。按结构化程度分类,玩具可以分为高结构玩具和低结构玩具。高结构玩具构造复杂、功能固定、可变性小,比如制作精美的电话模型,对幼儿而言可能就只有假装打电话这一种玩法;低结构玩具加工程度低、可变性大、可操作性强,例如普通的绳子、木棍等,能够玩出各种花样。②有限的资源,加上无限的想象力,就能创造无穷的快乐。

六、手帕老鼠

在纸巾尚未流行、手帕大行其道的年代里,用手帕叠老鼠是很多女孩子都喜欢

---

① 老舍:《四世同堂》,北方文艺出版社 2016 年版,第 119—120 页。
② 邱学青:《幼儿园玩具提供中应注意的几个问题》,《幼儿教育》2008 年第 4 期,第 10—11 页。

的游戏。具体做法不外是：将手帕沿对角线折成三角，将三角底边的左侧、右侧分别向内平折三分之一，将下端向上折一小段，折两次。翻转到背面，将左侧、右侧分别向内平折四分之一，将底部向上对折。将剩余的部分塞到夹缝中，翻卷，一直翻到底部露出分离的部分，拉出来，得到两个长条。将其中一个长条打个结，即老鼠头。另一个长条即老鼠尾巴。成品的效果如图 5-8 所示。

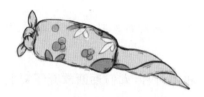

图 5-8　手帕老鼠

用手帕折老鼠取材方便，简单易学，成品美观，能给人们带来欢乐与慰藉。

第二节　偏重象征的游戏

一、乞巧

民间传说农历七月七日牛郎织女相会，由于织女是心灵手巧的仙女，女性便于七夕礼拜织女，期待自己能从织女那里分到一些"巧"，故名"乞巧"。宋代林杰《乞巧》诗："七夕今朝看碧霄，牵牛织女渡河桥。家家乞巧望秋月，穿尽红丝几万条。"[①]大意是家家户户都在一边观赏秋月，一边乞巧，对月穿针，穿过的红线都有几万条了。

可能是由于蜘蛛会结网，故而在一些朝代里，蜘蛛不仅在乞巧时出现，还担负着"卜巧"的重要职责。南朝梁宗懔《荆楚岁时记》中记载：

> 是夕，妇人结彩缕，穿七孔针，或以金、银、鍮石为针，陈瓜果于庭中以乞巧。有喜子网于瓜上，则以为符应。[②]

喜子即蜘蛛，意即有蜘蛛在瓜果上结网的话就说明祈祷灵验了。生于唐僖宗时期、长于五代的王仁裕所撰《开元天宝遗事》记载唐玄宗时：

---

① 傅璇琮、倪其心、孙钦善、陈新：《全宋诗（第九册）》，北京大学出版社 1996 年版，第 6041 页。
② 宗懔：《荆楚岁时记》，杜公瞻注，姜彦稚辑校，中华书局 2018 年版，第 59 页。

　　帝与贵妃，每至七月七日夜在华清宫游宴。时宫女辈陈瓜花酒馔列于庭中，求恩于牵牛、织女星也。又各捉蜘蛛闭于小合中，至晓开视蛛网稀密，以为得巧之候，密者言巧多，稀者言巧少。民间亦效之。①

宋代孟元老在《东京梦华录》里记载：

　　妇女望月穿针，或以小蜘蛛安合子内，次日看之，若网圆正，谓之"得巧"。②

也许是因为蜘蛛的长相不讨喜，人们逐渐放弃了对它的折腾。元代陶宗仪在《元氏掖庭记》中记载：

　　九引堂台，七夕乞巧之所。至夕，宫女登台，以五彩丝穿九尾针，先完者为得巧，迟完者谓之输巧，各出资以赠得巧者焉。③

此时的蜘蛛可以松一口气了，而宫女们的乞巧比赛则是紧张而激烈，因为要论输赢，输者要"出资"，这是比巧而非卜巧。

蜘蛛退出后，卜巧又有了新花样——看针影。明代刘侗、于奕正的《帝京景物略》中记载：

　　七月七日之午，丢巧针。妇女曝盂水日中，顷之，水膜生面，绣针投之则浮。则看水底针影，有成云物、花头、鸟兽影者，有成鞋及剪刀、水茄影者，谓乞得巧。其影粗如槌，细如丝，直如轴蜡，此拙征矣。妇或叹，女有泣者。④

明代沈榜在《宛署杂记》中记载：

　　七月七日，民间有女家各以碗水暴日下，令女自投小针浮之水面，徐视水底，日影或散如花，动如云，细如线，粗如槌，因以卜女之巧。⑤

① 王仁裕：《开元天宝遗事》，李聪绘，江西美术出版社 2022 年版，第 88 页。
② 孟元老：《东京梦华录》，侯印国译注，三秦出版社 2021 年版，第 219 页。
③ 陶宗仪：《元氏掖庭记》，上海书店出版社 2014 年版，第 277 页。
④ 刘侗、于奕正：《帝京景物略》，上海远东出版社 1996 年版，第 117—118 页。
⑤ 沈榜：《宛署杂记》，北京古籍出版社 1983 年版，第 192 页。

徐珂在《清稗类钞》中记载：

> 孝钦后尝命以盆盛水置日光中，取小针数枚投之，针浮水面，则观盆底影，以验人性之巧拙。[1]

这些记录虽只是寥寥数语，却满溢着琐碎的小快乐。

乞巧包括月下穿针比赛和丢针看影，月下穿针比赛需要在一炷香内穿好十根细细的绣花针、十根短粗的眉针，线打成结后要一般齐，需要高超的技术与手感。丢针看影比的则是另类技术，《宫女谈往录》中说七夕乞巧："向织女'乞巧'是很细致的事。绣花针都是经过特别挑选的，要选针细孔大的。要把水晒出一层皮来，水皮上放一根针水能把针托起来。"这中间有许多烦琐的细节工序就不赘述了，最后的结果是："有的针影像个梭，是织女把梭借给你，将来你巧，能织布；有的针影一头粗一头细，说这是砧子上头的杵，将来洗衣服干净；也有的像原来的针影，这是织女给你根绣花针，让你能扎会绣；也有的针影像支笔，这是织女让你描龙画凤。最不好是针影两头粗中间细，这叫棒槌，说是织女嫌你笨。更有一些粗心人，丢下针去，针没放平，根本没漂浮在水面上而沉了底，那就是你对织女无缘。"在等级森严的宫廷之中，这种展现心灵手巧的游戏成了让宫女最为开心的活动："这是宫廷里女孩子们一年一度最大的欢乐会，比起过年过节来欢快得多。不是我眼皮子浅，我敢说没有比这件事更使女孩子们兴奋的了。"[2]

旧时山东民间称织女为七姐姐，有着隆重的乞巧仪式。根据《杂艺》等资料，可以整理出各地乞巧的不同习俗：

> 胶东的招远、莱州、长岛等部分地区，多以七月六日为七夕，有"招远人，性子急，拿着初六当初七"的说法。在乞巧之前有请七姐姐的活动，姑娘们白天到田地里去"偷"一些青秫秸，一路上不回头，不说话，回家后扎一佛龛，或在土台上搭一小棚，内供织女图。入夜后，姑娘们再手持秫秸围井台转一圈，请七姐姐位归佛龛，然后坐在织女像前，拍花巴掌："一拍巴掌一月一，姐姐教我纳鞋底。二拍巴掌二月二，姐姐教我绣花裙……"一直唱到十二月。

---

① 徐珂：《清稗类钞》，中华书局 2017 年版，第 32 页。
② 金易、沈义羚：《宫女谈往录》，紫禁城出版社 1991 年版，第 63 页。

鲁南的姑娘三五成群地聚在庭院中，摆上香案，陈列各种瓜果和化妆品，一起祭拜七姐姐，边拜边唱："天皇皇，地皇皇，俺请七姐姐下天堂。不图你的针，不图你的线，光学你的七十二样好手段。"

山东荣成的姑娘则面对织女像闭目默念："我请巧姐吃桃子，巧姐教我缝袍子；我请巧姐吃李子，巧姐教我学纺织；我请巧姐吃甜瓜，巧姐教我会绣花。"①

乞巧的主题是婚恋与女工，这与古时妇女的人生定位紧密相连。

古时，妇女没有独立的社会地位，不能在职场上占有一席之地，只能以某某氏或某门某氏之类的模糊的符号化的身份依附于父亲、丈夫、儿子而存在，婚恋对于女性的重要性不亚于"第二次投胎"。故而，在牛郎、织女相会的日子拜祭，也是隐约表达了少女希望遇到如意郎君的心愿。

此外，古时对妇女的要求是三从四德，其中四德在《周礼》中有明确表述：

九嫔：掌妇学之法以教九御妇德、妇言、妇容、妇功，各率其属而以时御叙于王所。②

其中的"妇功"在班昭的《女诫》中有具体要求：

专心纺绩，不好戏笑，洁齐酒食，以奉宾客，是谓妇功。③

可见，在男主外、女主内的社会分工体系下，家务活对于女性极具重要性，是三从四德中的妇功，也是古时评判女性是否会持家的重要依据。在这种情况下，女性拜祭"纤纤擢素手，札札弄机杼"④的天仙织女，也就很能够理解了。

现在，七夕被民间称为中国的情人节，织女的爱情得到男男女女的关注，而织女的专才被弱化，乞巧的游戏在七夕节则几乎无人提及了。在当今社会，织布制衣的工作已经由专业技术人员来做，而婚姻也不再是女性唯一的归宿。然而，无论社会怎样发展，心灵手巧都是令人称许的美好品质，柔情蜜意也是滋养人生的甜美情感。

---

① 郭泮溪：《杂艺》，山东友谊出版社 2004 年版，第 91 页。
② 《周礼》，郑玄注、陈戍国点校，岳麓书社 2006 年版，第 18 页。
③ 班昭：《女诫》，王相笺注，山东人民出版社 2018 年，第 17 页。
④ 王晓如：《诗歌与牛郎织女传说及其影响》，《唐都学刊》2014 年第 4 期，第 96—99 页。

如果这一切都无处安放,那么倾诉给织女,也是排遣的好办法。

二、解梦

梦是人们既熟悉又陌生的活动,还带有一些神秘感。围绕着梦,有祈梦、托梦、占梦、圆梦等种种名堂,是一种很有意思的精神性游戏活动。梦与现实的界限有时并非那么严格,"庄周梦蝶,蝶梦庄周"是值得深思的哲学问题,"十年一觉扬州梦,赢得青楼薄幸名"则是"人生如梦"的绮丽注脚。中国人用"祝你好梦成真"来祝福人,也用"做你的春秋大梦"来骂人。

自古以来,东方与西方许多民族都相信梦具有神奇的力量,在他们的精神生活中,梦起着举足轻重的作用。例如,美洲印第安人至今还遵循借助群体仪式来孵梦、说梦、圆梦的传统。有一个青年人梦到本村的一个姑娘在大河里划船,不小心把桨掉落水中,船在激流中旋转,十分危急。第二天,整个村落的人们聚在一起,听他讲述这个梦境,而且在族长主持的仪式上,他把亲手制作的带有环扣的木桨送给那个女孩,以完成自己的心愿。图 5-9 是加拿大的印第安人用来"捕梦"的网。

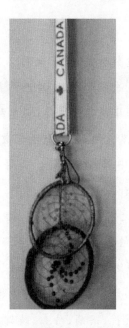

图 5-9 印第安人"捕梦"的网

人的命运很奇妙,梦境也很奇妙,故而很多人用梦境来解释命运。作为重要的心理活动,梦经常被用来解读人生。

（一）梦与人生

黄粱美梦与南柯一梦是中国人熟知的典故——戏剧名家汤显祖还将其分别编写成《邯郸记》与《南柯记》两部经典剧本，内容都是人在睡梦中经历荣华富贵、浮沉得失的一生，醒来后才知晓原本以为无比真实的经历都只是虚幻。

南柯一梦原出自唐代李公佐的《南柯太守传》，梦中人经历种种追求、挣扎、变故，如：娶贵妻、交良友、做高官、建功立业、光宗耀祖、封妻荫子、被冤枉、被贬谪，等等，醒来后恍然大悟，原来是一场大梦。① 南柯一梦的故事，正是对《金刚经》中"一切有为法，如梦幻泡影。如露亦如电，应作如是观"的逼真演绎。人生如梦，是耶？非耶？

诸葛亮曾言："大梦谁先觉？ 平生我自知。"②这是一种高境界，蕴藏着"不必等待某一特殊日子才觉悟，而是当下即明了、即觉悟"的意境。然而，夜夜做梦者常有，日日清醒者何在？

唐朝牛僧孺《玄怪录》有一篇《古元之》，说古元之酒后入梦，追随一个神人，骑竹杖飞至"和神国"：

> 其国无大山，高者不过数十丈，皆积碧珉。石际生青彩罅篠，异花珍果。软草香媚，好禽啁哳。山顶皆平正如砥，清泉迸下者三二百道。原野无凡树，悉生百果及相思、石榴之辈。每果树花卉俱发，实色鲜红。映翠叶于香丛之下，纷错满树，四时不改；唯一岁一度暗换花实，更生新嫩，人不知觉。田畴尽长大瓠，瓠中实以五谷，甘香珍美，非中国稻粱可比。人得足食，不假耕种。原隰滋茂，蔬秽不生。一年一度，树木枝干间悉生五色丝纩。人得随色收取，任意紝织。异锦纤罗，不假蚕杼。四时之气，常熙熙和淑，如中国二三月。无蚊、虻、蟆、蚁、虱、蜂、蝎、蛇、虺、守宫、蜈蚣、蛛、蠓之虫，又无枭、鸱、鸢、鹞、鸱鸮、蝙蝠之属，及无虎、狼、豺、豹、狐狸、蟇驳之兽，又无猫、鼠、猪、犬扰害之类。其人长短妍蚩皆等，无有嗜欲爱憎之者。人生二男二女，为邻则世世为婚姻。笄年而嫁，二十而娶。人寿一百二十，中无夭折、疾病、瘖聋、跛躄之患。百岁以下，皆自记忆；百岁以外，不知其寿几何。寿尽则欻然失其所在，虽亲族子孙皆忘其人，故常无忧

----

① 《唐宋传奇集》，鲁迅校录，蔡义江、蔡宛若译，浙江文艺出版社 2018 年版，第 130—146 页。

② 齐丕成：《大梦谁先觉 平生我自知——从〈三国演义〉谈诸葛亮的决策预测原则》，《行政人事管理》1995 年第 5 期，第 25—26 页。

戚。每日午时一餐,中间唯食酒浆果实耳。餐亦不知所化,不置溷所。人无私积困仓,余粮栖亩,要者取之。无灌园鬻蔬,野菜皆足人食。十亩有一酒泉,味甘而香。国人日相携游览歌咏,陶陶然,暮夜而散,未尝昏醉。人人有婢仆,皆自然谨慎,知人所要,不烦促使。随意屋室,靡不壮丽。其国六畜唯有马,驯极而骏,不用刍秣,自食野草,不近积聚。人要乘则乘,乘讫而却放,亦无主守。其国千官皆足,而仕官不自知身之在仕,杂于下人,以无职事操断故也。虽有君主,而君不自知为君,杂于千官,以无职事升贬故也。又无迅雷风雨,其风常微轻如煦,袭万物不至于摇落;其雨十日一降,降必以夜,津润条畅,不至地有淹流。一国之人,皆自相亲,有如戚属。[①]

牛僧孺是宪宗时进士,穆宗、文宗时宰相,政治上有不俗的气魄和作为。少负才名,诗文俱佳,出仕后与白居易、刘禹锡等相唱和。杜牧在其墓志铭中称赞牛僧孺"忠厚仁恕,庄重敬慎","清德服人"。牛氏的"和神国",神采飞扬,可以媲美陶渊明的"桃花源"。下列几点,尤可关注:

其一,绿色环保。山青水绿,景色如画。山犹碧玉,果为奇珍,清风微煦,四时如春,十日一雨,清泉如瀑,没有害虫、灾祸、污染,只有花红叶绿,堪比天上人间。

其二,百姓安康,老幼幸福。人们身体健康,无忧疾病残缺,连长相都是个个齐整,不必在意美丑比较,更不用人工美容加以矫饰。女子十五,男子二十,适龄婚嫁,没有旷怨之苦、相思之恨。人们日出歌咏,日暮而息,相亲相爱,陶然无忧。人到百岁,可以自由安排自己的去处,比如说出门远游而不知其终。

其三,社会清明,公平无争。社会无利益争执,官吏无扰民乱政。虽有各种官员,但官员都不知道自己是官,因为他们身处百姓之中,在大众的日常生活中各种事务自然得到随时随地的安排,并无特殊职事需要来策划和决断。君主徒有其名而不自恃,身在群体之中,过着普通人的生活,这是因为社会安定平和,没有什么事情需要奖惩,也没有官员需要升降。不经意间,一句"虽有君主",透露出作者多少心曲!

(二)梦与爱欲

有句歇后语是:做梦娶媳妇——尽想好事儿。这句歇后语虽然粗陋,但是反映了梦见谈恋爱或进行亲密活动的事情并不少见,是人们心照不宣的集体秘密。

---

① 牛僧孺:《玄怪录》,中华书局1982年版,第73—74页。

1. 梦与爱情

说起梦与爱情,必然绕不开《牡丹亭》。杜丽娘在梦中与柳梦梅相会,竟然一梦而死。判官查明他们二人有夫妻的缘分,就放出了杜丽娘的魂灵。柳梦梅赴京赶考的路上进入了杜家弃园,捡到了杜丽娘的画像,见其形象与梦中相会的女子一模一样,便对这画像表达爱慕之情。这一切都被杜丽娘的魂灵看到、听到,便于夜间与柳梦梅相会。两人情投意合,私订终身,杜丽娘便复活了。这真是:"如丽娘者,乃可谓之有情人耳。情不知所起,一往而深。生者可以死,死可以生……梦中之情,何必非真?"[1]

《红楼梦》中也有数处梦中谈情的情节。第三十六回《绣鸳鸯梦兆绛芸轩 识分定情悟梨香院》中描写:

这里宝钗只刚做了两三个花瓣,忽见宝玉在梦中喊骂,说:"和尚道士的话如何信得?什么'金玉姻缘',我偏说'木石姻缘'!"宝钗听了这话,不觉怔了。[2]

宝玉午睡,宝钗在旁边帮他绣肚兜,却听到宝玉在梦里与人争辩,钟情于木石姻缘而非金玉姻缘,可见宝玉对黛玉果然是"睡里梦里也忘不了你"。只是,听了宝玉这番表白,不知宝钗归去会做何梦。第一百零九回中,宝玉盼着黛玉魂魄入梦而不得,此情此景与《长恨歌》中李隆基对杨玉环的思念如出一辙——"悠悠生死别经年,魂魄不曾来入梦"——都是男方负心,女方魂魄避而不见。第一百一十六回中,宝玉梦游太虚,总算见了黛玉一面,此后不久宝玉便出家了。小说中借尤三姐之口,说此次梦中相会的目的是斩断宝玉情缘,实际上,宝玉是自己斩断自己的情缘,自己才是那执剑之人,只不过投射到尤三姐的身上罢了。较为合理的解释是:梦中情形让宝玉明白自己内心难舍黛玉,然而现实的桎梏让他有梦难圆,在体会到世事无常、人生苦短之后,出家做了和尚。

在尤三姐自己爱情的主场中,被负心后也没有斩断与所爱之人的情缘,又哪里会去斩宝玉的呢?据第六十六回《情小妹耻情归地府 冷二郎一冷入空门》中描写:

(柳湘莲)自悔不及,信步行来,也不自知了。正走之间,只听得隐隐一阵环

---

① 汤显祖:《牡丹亭》,邹自振、董瑞兰评注,百花洲文艺出版社 2014 年版,第 1 页。
② 曹雪芹:《红楼梦》,中国华侨出版社 2018 年版,第 264 页。

佩之声,三姐从那边来了,一手捧着鸳鸯剑,一手捧着一卷册子,向湘莲哭道: "妾痴情待君五年,不期君果冷心冷面。妾以死报此痴情。妾今奉警幻仙姑之命,前往太虚幻境,修注案中所有一干情鬼。妾不忍相别,故来一会,从此再不能相见矣!"说毕,又向湘莲洒了几点眼泪,便要告辞而行。湘莲不舍,连忙欲上来拉住问时,那三姐一摔手,便自去了。①

可见,尤三姐只是与柳湘莲话别离情,并没有斩其情缘的举动,柳湘莲醒后是自己斩断自己的情缘,出家做了道士。出家之前,柳湘莲的择偶观一变再变,先是"我本有愿,定要一个绝色的女子",然后变成了"贵昆仲高谊,顾不得许多了,任凭定夺",最后爱上尤三姐是因为:"这等刚烈人! 真真可敬!"这几次变化显示出柳湘莲并没有形成明确的爱情观——从重视容貌到重视朋友之托,最后到重视女方性情。柳湘莲的爱情也是一场短暂而激烈的幻梦,梦醒后便去寻找自己的本来面目去了。

2. 梦与欲望

梦与人的潜意识有关,许多不宜宣之于口的想法,都借梦境表露出来。朝云暮雨是汉语中引人遐思的典故。据传,曾有楚王游高唐时梦见一位巫山神女来自荐枕席,神女辞别时说:"妾在巫山之阳,高丘之阻,且为朝云,暮为行雨。朝朝暮暮,阳台之下。"②此后,诸多文人墨客在诗文中引用襄王神女的巫山朝暮,而云雨一词也染上了暧昧的色彩。

还有郑国奇女子夏姬,据传她与多位诸侯、大夫交往,多位男人因她而死,号称"杀三夫一君一子,亡一国两卿"。③ 而她能引出这一系列历史事件,据说是因为曾与神人在梦中欢好,故而容颜不老。无论她是否真做过这样的梦,但她传奇的一生却是反映了男性对性感女人的春梦,以及女性对青春永驻的幻梦。

《牡丹亭》中杜丽娘发出"俺的睡情谁见? 则索要因循腼腆。想幽梦谁边? 和春光暗流转? 迁延,这衷怀那处言"的幽思之后,便梦见柳梦梅来对她说:"和你把领扣松,衣带宽,袖稍儿揾着牙儿苫也,则待你忍耐温存一晌眠。"④压抑人的礼教只能管束青春少女的行为,却不能管束其梦。

精神分析学家弗洛伊德认为梦是潜意识的欲望表达。以他为首的精神分析学

① 曹雪芹:《红楼梦》,中国华侨出版社 2018 年版,第 520—521 页。
② 萧统:《文选》,上海古籍出版社 2019 年版,第 889—890 页。
③ 陈瑶:《清华简〈系年〉与夏姬身份考论》,《北方论丛》2019 年第 6 期,第 67—73 页。
④ 汤显祖:《牡丹亭》,邹自振、董瑞兰评注,百花洲文艺出版社 2014 年版,第 70—71 页。

派认为人的常见心理防御机制包括压抑、投射、否认、退行、固着、升华、置换、抵消、反向形成、合理化等。这些防御机制在梦中也经常出现。

梦是人了解自己潜意识的重要通道，是提醒人们面对真实自我、解决心里困惑的有效途径。如果不能反求诸己，而一心向外地要求别人，那么，醒来仍是在梦中。

（三）梦与生育

种族繁衍是中国人十分看重的大事情，生子前做梦更是被视为孩子来历与命运的预兆。大名鼎鼎的汉武帝未出生时，父母皆做梦，《汉武故事》中记载：

> 汉景皇帝王皇后内太子官，得幸，有娠，梦日入其怀。帝又梦高祖谓己曰："王夫人生子，可名为彘。"及生男，因名焉，是为武帝。①

大意是：王夫人怀孕的时候梦见太阳进入腹中，景帝梦见高祖刘邦对自己说："王夫人生的儿子可以取名叫刘彘。"于是，汉武帝的乳名就叫刘彘。据说秦汉人认为猪有龙相（如扬子鳄俗称"猪婆龙"），有吉祥之意，秦二世名叫胡亥，亥就是猪的意思。

三国时，孙坚的吴夫人说自己梦月入怀生孙策，梦日入怀生孙权；②刘备的甘夫人说自己梦吞北斗而生刘禅③，这也是乳名阿斗的来历。然而，这些梦境的真实性存疑，因为真相无从考证。这些因梦生子的"神迹"，更像是统治者为谋取政权合法性而进行的造神运动——太阳、月亮、北斗、先祖，都是尊贵无极的象征。当然，统治者用这种方式来造神，也是基于当时人们普遍相信梦境的心理。

一代才女上官婉儿的出生也伴随着神秘色彩。《新唐书》中记载：

> 初，郑方妊，梦巨人畀大称曰："持此称量天下。"婉儿生逾月，母戏曰："称量者岂尔邪？"辄哑然应。

大意是：当初，郑氏刚怀孕，梦见一个巨人给了一把大秤，说："拿着这杆秤去称

---

① 阳清：《两汉神秘文化与武帝传说系列文本的人神遇合》，《昆明理工大学学报（社会科学版）》2009年第10期，第82—86页。
② 干宝：《搜神记》，宗介甫编译，万卷出版社2021年版，第156页。
③ 罗贯中：《三国演义》，中国文联出版社第2016年版，第180页。

量天下。"婉儿生下来满月后,她的母亲戏谑:"称天下的人会是你吗?"她总是哑然回应。[①]

看到这里的时候,笔者感到好奇的是:怎么叫哑然回应呢? 婴儿咿咿呀呀很常见,被问到什么都可能会咿咿呀呀地回应。在武则天与中宗李显两朝,上官婉儿在政坛、文坛都有着显要地位,管宫中制诰、品评天下诗文,有"巾帼宰相"之名,当然称得上是"称量天下士"。但,这和她婴儿时期对母亲的梦的回应之间未必有关系。后人记载这件事,可能更像是为变化莫测的命运寻找能说服自己相信的理由吧。

干宝在《搜神记》中记载了平民张车子出生前的神迹:

> 周擥啧者,贫而好道。夫妇夜耕,困息卧,梦天公过而哀之,敕外有以给与。司命按录籍,云:"此人相贫,限不过此。惟有张车子应赐钱千万,车子未生,请以借之。"天公曰:"善。"曙觉,言之。于是夫妇戮力,昼夜治生,所为辄得,赀至千万。先时,有张妪者,尝往周家佣赁,野合有身,月满当孕,便遣出外,驻车屋下。产得儿。主人往视,哀其孤寒,作粥糜食之。问:"当名汝儿作何?"妪曰:"今在车屋下而生,梦天告之,名为车子。"周乃悟曰:"吾昔梦从天换钱,外白以张车子钱贷我,必是子也。财当归之矣。"自是居日衰减,车子长大,富于周家。[②]

大意是:周擥啧虽然贫穷但好道,梦见天帝路过哀怜他,要给他一些财富。但司命查过命簿后说:"他命里该穷,上限也不过如此。附近只有张车子能被赐钱千万,既然张车子还没出生,那就把钱先借给周擥啧。"天帝同意了。周擥啧醒了之后,夫妻勤劳致富,家财积到了千万。有个姓张的妇女在周擥啧家帮佣,野合怀孕,在院子外的车屋里生孩子。周擥啧去看她,哀怜她孤寒就给她粥吃,问她:"应当叫你孩子什么名字呢?"张妇说:"在车屋里生的,梦见上天说把他取名叫车子。"周擥啧听了之后,想起之前自己做的梦,就全明白了。张车子越长大越富裕,而周家的钱财越来越少。

上官婉儿、张车子的生命轨迹与旁人的梦境高度契合,这可能显示了宿命的力量,也可能是偶然。人是经常做梦的,生孩子之前做梦也属正常,被记载下来的是被证明灵验的梦,而更多不灵验的梦则湮没无闻了,这也是一种选择性记忆,即幸存者

---

① 刘后滨:《新唐书(一)》,罗言发译,现代教育出版社 2011 年版,第 172 页。
② 干宝:《搜神记》,宗介甫编译,万卷出版社 2021 年版,第 157—158 页。

偏差。张车子的案例则更为特别,是别人做了相关的梦境,这可能就涉及玄学的内容了。当人生的财富曲线不能掌握在自己手里的时候,能够让自己臣服悦纳、不做无谓的抗争,何尝不是豁达洒脱呢。

(四)梦与指引

人们时不时会遇到这样的情况:第一次到某地,感觉好像曾经来过;遇到某件事情,却感觉仿佛以前做过。对于这种似曾相识的感觉或错觉,不同的学科有不同的解释或猜想。

物理学界有人猜想这种现象是时光倒流或时空交错,即宇宙中有多个平行运转的时空,偶尔时空混乱,人短暂进入另一时空并看到某物或做某事,回来后在某一时间点又重复同样的事情后,就会感觉该情景在哪里经历过。

神经学领域有人认为,大脑提取某种记忆需要定位和刺激特定的脑细胞,有时脑细胞的功能会混乱,新体验和旧记忆错位,导致人们产生似曾相识的感觉。

心理学领域有种猜测是:人的潜意识里隐藏着各种活动的影像,这些影像有时会在梦里显现出来,等到现实中出现梦中情节时,人就会模模糊糊地觉得这件事曾经经历过。

上述猜测尚无确凿的证据与严谨的科学实验来加以证实,都处于被讨论的阶段。也正因如此,故而各界人士可以各抒己见,众说纷纭。长久以来,人类孜孜不倦地试图寻找出某种规律或线索——哪怕得出的结论是荒谬的——以此来探索未知的人生、神秘的世界以及潜藏的意识。许多文学作品与民间传说都留下了梦中预兆的故事,现试举几例。

《尚书》中记载:

> 王庸作书以诰曰:"以台正于四方,台恐德弗类,兹故弗言。恭默思道,梦帝赉予良弼,其代予言。"乃审厥象,俾以形旁求于天下。说筑傅岩之野,惟肖。爰立作相。王置诸其左右。[①]

一国之相的人选何等重要,仅因梦境而做决定,这在现代人看来太草率了。傅说出身地位不高,却是历史上有名的贤相,商王对他的任命是正确的选择。透过历史的重重迷雾,因梦择相有可能是梦真的灵验,也有可能是商王先前考察过傅说的

---

① 《尚书》,周秉钧注译,岳麓书社 2001 年版,第 90 页。

才能,但担心群臣反对故而假托梦来达到目的。

《后汉书》中记载:

> 世传明帝梦见金人,长大,顶有光明,以问群臣。或曰:"西方有神,名曰佛,其形长丈六尺而黄金色。"帝于是遣使天竺,问佛道法,遂于中国图画形象焉。楚王英始信其术,中国因此颇有奉其道者。后桓帝好神,数祀浮图、老子,百姓稍有奉者,后遂转盛。[1]

这件事也说明古人重视梦,而且郑重其事地让人占梦,并按照梦的指引去做事情。这在现代科学看来是荒谬且难以置信的。

《红楼梦》第五回中,贾宝玉梦游太虚幻境,看了金陵十二钗的册子,听了十二仙曲,这些册子与曲子描述了众女子一生的命运。[2] 第十三回中,王熙凤梦见秦可卿来告诉她贾家将要乐极生悲,提醒她"筹画下将来衰时的世业"。[3] 前者是个人命运,后者是家族命运,都在梦中向人警示,然而并没有起到预警的效果:贾宝玉是"不解",王熙凤则无动于衷,都没有理睬梦的明示暗示。

也许正是因为相信梦境的预兆能力,很多人喜欢祈梦与占梦,其中,福建省莆田市仙游县九鲤湖就是典型的"梦之乡",当地供奉的何氏九仙是公认的司梦神灵,即"梦神"。当地祈梦有一套完整的流程:

> 净手洗脸后,到九仙祠中焚香叩拜,先向范侯行礼,祀以白鸡,祷告所祈事项,请求范侯向九仙传递信息。据说范侯听力失聪,为了使他听清祷告内容,须用杯珓抠其耳朵。留宿祠中后,又焚香三炷,直接祈求仙公赐示梦境。但是,这种梦境还需要予以质证,方能判别是否为仙梦。质证的方法是:醒来后,用杯珓卜之,如得圣珓,即为是,否则为非,继续再祈。[4]

这套程序一丝不苟,但郑重其事的仪式下进行的是占卜游戏,尤其是其中抠神仙耳朵的环节,戏谑滑稽,不知道当事人在做的时候是怎么忍住不笑的。古代笑话

---

[1] 范晔:《后汉书(五)》,李贤等注,崇文书局 2016 年,第 2406 页。
[2] 曹雪芹:《红楼梦》,中国华侨出版社 2018 年版,第 33—38 页。
[3] 曹雪芹:《红楼梦》,中国华侨出版社 2018 年版,第 87—88 页。
[4] 张君:《基于游客认知的祈梦文化旅游地旅游产品开发研究——以仙游九鲤湖为例》,华侨大学硕士学位论文,2012 年。

集《笑林广记》中就有对祈梦的调侃：

> 府取童生，祈梦："道考可望入泮否？"神问曰："汝祖父是科下否？"曰："不是。"又问："家中富饶否？"曰："吾得。"神笑曰："既是这等，你做甚么梦！"①

这让祈梦的童生感到一阵心酸：如果家里既无权又无钱，妄想考中进士，进而做官晋爵，就不啻是"做梦"而已。

祈梦之后的程序是占梦。占梦的名堂很多。《汉书》中记载："众占非一，唯梦为大，故周有其官。"②大意是：占卜手段众多，但梦是最重要的，故而周代设有专门的占梦之官。历史上还留下了《黄帝长柳占梦》十一卷、《甘德长柳占梦》二十卷等关于占梦的典籍。③

中国古代有"占梦七法"之说：直解，即对梦境进行直接的解释；反极，即认为梦与现实是相反的；拆字，即将梦中的景象拆解或组合为文字，文字意思即梦的意思；谐音，即找到跟梦中事物音同或音近的事物，该事物就是梦的意思；象征，即赋予梦中事物象征性的意义；五行八卦，即利用阴阳五行来解梦；推理，即推理梦中景物与现实之间的关联。④

然而，对梦的解释是非常主观的，同一个梦境在不同的人看来预示着不同的含义，解梦更像是一种语言暗示的心理游戏。《太平广记》引用了《广德神异录》的一个故事：

> 唐太宗为秦王时，年十八，与晋阳令刘文靖首谋之夜，高祖梦堕床下，见遍身为虫蛆所食，甚恶之。咨询于安乐寺智满禅师。师俗姓贾氏，西河人也，戒行高洁。师曰："此可拜乎！夫床下者，陛下也。群蛆食者，所谓群生共仰一人活耳。"高祖嘉其言。⑤

大意是：李世民与刘文靖第一次密谋起事的那天晚上，其父李渊梦见自己掉到了床下，浑身爬满了蛆虫，令人嫌恶作呕。李渊向安乐寺智满禅师询问吉凶。智满

---

① 游戏主人：《笑林广记》，粲然居士参订，云南人民出版社 2016 年版，第 35 页。
② 班固：《汉书》，上海古籍出版社 2003 年版，第 1222 页。
③ 班固：《汉书》，上海古籍出版社 2003 年版，第 1220 页。
④ 赵杏根、陆湘怀：《实用中国民俗学》，东南大学出版社 2005 年版，第 96 页。
⑤ 李昉：《太平广记》，中华书局 2020 年版，第 1825 页。

禅师是遵守戒律品德高洁之人。禅师说："你应该拜谢呀！床下，就是陛下的意思。蛆虫吃你，意思是百姓共同仰仗你一个人生活。"李渊对他的话表示赞许。

实际上，这种事情是用结果来论证起因，李渊成功了，这个噩梦就被视为吉兆；若李渊失败了，可能这个梦与李渊都湮没于历史长河无人知晓，也可能这个梦被拿来讥讽李渊异想天开不自量力。是否能够好梦成真或噩梦逆转，还是要靠自己在现实中的努力。

（五）梦与成长

梦是人类精神生成和意义涌现的一个重要源泉，也是我们的意识自我通往自身潜意识的捷径。瑞士心理学家卡尔·荣格认为，病人来就诊时有一个没有说出来的无人知晓的故事，它是病人心中的最深秘密，也是心理治疗的关键。对梦的分析和阐释具有特殊的疗效。每个人都有一个自己不认识的陌生"他者"，他者在梦中向我们说出意味深长的话，向我们显示新颖的观照自我的方式，可以启发我们如何面对人生困境，找到有意义的出路。对梦的关注就是对我们自己进行真正的思考，是自我反思的重要方式。

荣格认为，要理解梦的意义，必须紧密跟踪梦的意象的具体呈现，明了梦境的起承转合和做梦人的情感反应。荣格反对将梦进行简单的一一对应的"解梦词典"式的解释，而是运用"生成""增补"和"放大"的方法，像一个优秀的侦探一样，用细节来显示梦的个人意义，类似于将梦做成一件艺术品。[①]

对梦可以做客观的解释，也可做主观的解释。例如，梦到老板被人痛打，可以说是反映了老板受人憎恨的客观事实，也可能反映了做梦人自己想要痛打老板的内心欲望。因此，最好的解梦者，不是街头的算命先生，甚至不是想象中最优秀的那个心理治疗师，而是当事人自己。个人精神世界的演变与更新，要靠自己的意识觉醒和情感力量的释放，而自我叙事是最便捷的自我疗愈的途径。精神病人通过艺术创作，可以得到较好的康复。不少作家其实自己也在病态和自我拯救之间苦苦挣扎。从这个角度看，世界上有谁能够吹嘘自己在精神上是完全健康的呢？意义的象征性表达，是我们通往个人成长的进步阶梯。

前几年，武志红的《巨婴国》引起激烈争论，焦点问题在于：国人整体的人格健全

① Rogers, C. R. *A Theory of Therapy Personality and Inter Personal Relationships as Developed in the Client—Centered Framework*. New York：McGraw-Hill. 1959. 224.

程度,是否有巨大缺陷,甚至说还没有摆脱幼稚的婴儿阶段?① 中国人有多少罹患"巨婴症"? 这应该是一个需要用实际证据来回答的科学问题。在此我们不妨提出一个看似悖论的吊诡式论断:谁能够清醒认识并坦然面对自己身上的孩子气,谁就已经成为心理上的成人;谁捂住自己的缺点矢口否认,反而恼羞成怒地攻击提问题的人,谁可能就是"巨婴症"患者。

清醒而客观地面对民族性格这个话题,是中国历史的巨大进步。从心理学来说,人人心中都有一个孩子,直到生命的终结,这个孩子都在发挥着作用,有时表现为创造性的力量,有时表现为破坏性的冲动。几千年来中国社会"民可使由之,不可使知之"的统治局面,让下层百姓忙着求生存,无暇顾及人格与精神的成长。百年以来,国门洞开带来的社会急剧变革和深重的内忧外患,逼迫我们拷问自己:我们的民族性格是否存在缺陷? 在历史上,两种极端心态——狂妄的自满和绝望的自卑,都曾经浓墨重彩地登台表演。现在,是我们主动而自信地给自己好好照照镜子,进行自我反省的时候了。

学会观照自己的梦,看看梦中有什么妖魔鬼怪、狼虫虎豹、钩心斗角、凶猛残暴的景象,看看自己有什么喜怒哀乐、爱恨情仇、彷徨纠缠的情感反应,仔细观赏个人精神生活中的动机、冲突、困境以及种种戏剧矛盾的解决模式,可以提供精神成长的契机,让我们远离推诿、逃避、自我欺骗的习惯化行为方式,做到清醒而真诚地面对自己、面对他人,不断提升自我意识,提升自己独立抉择人生的能力。中国的公民社会建设,需要我们完成民族性格改造的任务。

梦,有趣,有益,对自己的梦好好加以把握,可以成为人格修炼的一种绝佳途径。

三、烧宝塔

旧时中秋节,南方多地儿童喜欢用瓦片或石块垒起宝塔形状,在里面点上蜡烛,绕塔嬉笑游玩之后,就用柴草将塔烧掉,因此这个游戏被称为烧宝塔。烧宝塔的游戏历史悠久,早在清代王景彝的《吾乡中秋竹枝词》中就有描述:"乱石堆成三尺台,合尖也似七层开。儿童妙具双钩手,翻出浮图缩本来。"②烧宝塔的游戏至今仍有。《中国风俗》记载江西有这样的民众:

---

① 《不少成年人心里住着一个"巨婴"》,《廉政瞭望》2017 年第 2 期,第 91 页。
② 王钢:《古籍中的武汉中秋记忆》,《档案记忆》2021 年第 9 期,第 14—16 页。

中秋夜,一班小孩于野外拾瓦片,堆成一圆塔形,且有多孔。黄昏时于明月下,置木柴塔中烧之,俟瓦片烧红,再泼以煤油,火上加油,霎时四野火红,照耀如昼。直至秋深,无人观看,始行泼息,是名烧瓦子灯。①

烧宝塔的游戏虽起自儿童,但很多成人也会参与其中。同治年的《江夏县志》记载:

是夜作宝塔会,始自小儿,以石块砌塔,于内燃烛。里人沿之,聚瓦堆砌,高者丈余,烛影灯光,玲珑有致。月上时,群具衣冠,拜其下,鼓吹喧闹,饮酒欢呼,自宵达旦。

中秋节,惠州人也有烧宝塔的习俗,用瓦片堆叠宝塔,晚上人们聚集在宝塔四周,点燃塔中的柴草,直烧到深夜才散去。

烧宝塔的缘由难以考据。据传烧宝塔的游戏起源于唐朝:唐玄宗喜爱扬州大明寺栖灵塔,每逢中秋节,皇宫就供奉栖灵宝塔灯。于是,扬州人在中秋节就点宝塔灯敬月,渐渐的,其他地方也开始了这种民俗行为。

传说难为凭据,但烧宝塔游戏与佛教有关是必然的。宝塔是佛教建筑物,原为葬佛舍利之所。佛门中人认为宝塔具有神奇力量,认为拜塔、绕塔的敬佛行为功德无量。传说有500只猴子看别人拜塔,就出于游戏心理用湿沙垒塔绕拜。后来溪水大涨,这些猴子都被淹死了,然后因为绕塔拜塔的功德升入天上。在中秋之夜燃烧塔灯的民俗行为,可能也是希望借助佛家力量,祈福祈平安。

四、斗草

随处可见的草也能做玩具,比如用于斗草与占卜。斗草历史悠久,南朝梁宗懔《荆楚岁时记》中就有记载:

五月五日,谓之浴兰节。荆楚人并蹋百草。又有斗百草之戏。采艾以为人形,悬门户上,以禳毒气。②

① 胡朴安:《中国风俗(下)》,吉林出版集团股份有限公司2017年版,第694页。
② 宗懔:《荆楚岁时记》,杜公瞻注、姜彦稚辑校,中华书局2018年版,第44—45页。

在古代,五月被视为恶月,人们会遵守禁忌,并做许多事情来祛除邪气、驱赶瘟疫,其中就包括"斗百草"。这里的斗草,就有治病、占卜的意思在里面。清代李声振的《百戏竹枝词·斗百草》诗云:"一带裙腰绣早春,踏青时节小园频。斗他远志还惆怅,惟有宜男最可人。"[①]这里的斗草已经明确有占卜的意思了,其中的"宜男"就是指占卜的是能够生男孩。直到现在,仍有多地用草来占卜即将生男还是生女、天气是晴天还是阴天、事情成功还是失败等。常用的道具是阴晴草(见图5-10)。

图 5-10 阴晴草

该草的学术名称尚未查到,但因用其占卜晴雨,故民众称之为"阴晴草"。占卜的方式有两种,一种是摘其草叶,例如摘一片叶子说"男孩",再摘一片叶子说"女孩",边摘边说,最后剩一片时轮到说"男孩"就预示生男孩,轮到说"女孩"就预示生女孩;另一种是两人从草秆两头一齐向中间撕,事先约定撕成整齐的形状就是生男孩(即前诗所言宜男)、撕破了或撕成不整齐的形状则是生女孩。与远古时代巫师的正式占卜不同,这种用于消遣的占卜只是游戏式的。然而,在占卜的过程中,参与者极为认真、小心翼翼,想来那一刻也充满了使命感与掌控感——这也正是游戏的魅力所在。

除了占卜的神秘色彩,斗草也有单纯争输赢的,形式包括武力型与才华型。武力型斗草略显生猛,即两人各拿一根草茎或叶茎,互相勾着拉扯,拉断了的为输,没断的为赢。也有地方称之为"拔老根"[②](见图5-11)。

才华型斗草是比较各自寻到的花草的种类、数量、新奇程度等,在《红楼梦》《镜花缘》等文学作品中都有记载,现举《红楼梦》第六十二回《憨湘云醉眠芍药茵　呆香

① 杨米人:《清代北京竹枝词·十三种》,路工选编,北京出版社2018年版,第178页。
② 河南省学前教育发展中心、河南省实验幼儿园、郏县教育体育局:《河南儿童民间游戏集锦》,河南人民出版社2017年版,第57页。

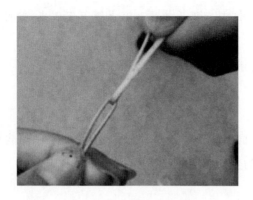

图 5-11　斗草(武力型)

菱情解石榴裙》为例:

> 大家采了些花草来兜着,坐在花草堆里斗草。这一个说:"我有观音柳。"那一个说:"我有罗汉松。"那一个又说:"我有君子竹。"这一个又说:"我有美人蕉。"这个又说:"我有星星翠。"那个又说:"我有月月红。"这个又说:"我有《牡丹亭》上的牡丹花。"那个又说:"我有《琵琶记》里的枇杷果。"豆官便说:"我有姐妹花。"众人没了,香菱便说:"我有夫妻蕙。"……宝玉笑道:"你有夫妻蕙,我这里倒有一枝并蒂菱。"①

这一段斗草可谓精彩:观音柳对罗汉松,君子竹对美人蕉,星星翠对月月红,《牡丹亭》的牡丹花对《琵琶记》的枇杷果,姐妹花对夫妻蕙、并蒂菱。物种丰富,语言优美,正是生活中的美学。只可惜"锦屏人忒看的这韶光贱"②,幸好还有宝玉这样"用读书所得去生活,用生活所感去读书"③的人能够懂得欣赏。

宋代范成大的《四时田园杂兴》中有关于斗草的:

> 社下烧钱鼓似雷,日斜扶得醉翁回。青枝满地花狼藉,知是儿孙斗草来。④

宋代晏殊《破阵子》也有关于斗草的描述:

---

① 曹雪芹:《红楼梦》,中国华侨出版社 2018 年版,第 483—484 页。
② 汤显祖:《牡丹亭》,邹自振、董瑞兰评注,百花洲文艺出版社 2014 年版,第 70 页。
③ 郎杰斌、阮海红、吴蜀红、华小琴:《生活化:苏轼阅读观的特质》,《图书馆》2022 年第 6 期,第 79—85 页。
④ 钟锦:《范成大的四首〈四时田园杂兴〉》,《书城》2022 年第 10 期,第 13—17 页。

　　燕子来时新社,梨花落后清明。池上碧苔三四点,叶底黄鹂一两声,日长飞絮轻。

　　巧笑东邻女伴,采桑径里逢迎。疑怪昨宵春梦好,原是今朝斗草赢,笑从双脸生。①

　　虽不知这两首诗词中的斗草是哪种形式,但是文字中蕴含的春光明媚、情趣盎然却跃然纸上,满满的生活满满的爱啊!

五、骑竹马

　　心理学家皮亚杰指出,象征性游戏的主要特征是通过模拟和想象,超越当前实物的知觉,以象征的功能来代替实物功能,或用动作模拟和语言叙述来虚构不在眼前的事物。古代社会虽没有今天的心理学理论和概念,儿童游戏的创造性却丝毫也不逊色。

　　骑竹马,即跨着一根竹竿当马骑。竹竿本来是死物,但是儿童给它赋予了马的奔跑的属性。李白的《长干行》中写到:

　　郎骑竹马来,绕床弄青梅。同居长干里,两小无嫌猜。②

　　"青梅竹马"因蕴含着两小无猜的美好情感而千古传唱,成为经典。

　　《后汉书》记载了关于竹马的三个故事。其中,《郭伋传》记载郭伋上任并州牧后首次出巡时的情景:"有童儿数百,各骑竹马,道次迎拜。伋问:'儿曹何自远来?'对曰:'闻使君到,喜,故来奉迎。'伋辞谢之。及事讫,诸儿复送至郭外,问'使君何日当还'。伋谓别驾从事,计日(当)告之。行部既还,先期一日,伋为违信于诸儿,遂止于野亭,须期乃入。"③这则故事比较写实,儿童骑竹马来迎拜一州的长官。在一开始,儿童的这一行为与其说是出于对未见过面的长官的爱戴,不如说是出于好玩的心理而对成人行为的模仿。后来,郭伋身为地方长官却极为尊重儿童,遵守与儿童关于入城时间的约定。经此一事,倘若儿童再骑竹马去拜他,想必是发自内心的尊重了。

　　《后汉书》中《陶谦传》的记录是:"谦少孤,始以不羁闻于县中。年十四,犹缀帛

　① 晏殊:《晏殊词集》,上海古籍出版社 2016 年版,第 76 页。
　② 李白:《李白集》,崔艺璇编著,江苏凤凰文艺出版社 2020 年版,第 41 页。
　③ 范晔:《后汉书(二)》,李贤等注,崇文书局 2016 年版,第 927—928 页。

为幡,乘竹马而戏,邑中儿童皆随之。"①陶谦是汉末群雄之一,幼年时父亲去世,这里记载的就是少年时的陶谦以性格放浪闻名县里,十四岁时还以布作为战旗,骑着竹马玩打仗的游戏,大群的孩子追随其后,颇有号召力。陶谦性格刚直,戎马一生,晚年惨败于曹操,忧劳而逝。走到生命尽头的陶谦,如果回顾自己一生,少年竹马游戏的珍贵也许不让征战生涯的峥嵘。

《后汉书》也记载了费长房学仙术后乘竹杖归家、竹杖变青龙的玄幻故事:"长房辞归,翁与一竹杖曰:'骑此任所之,则自至矣。既至,可以杖投葛陂中也。'……长房乘杖,须臾来归……即以杖投陂,顾视则龙也。"②故事里的竹杖升级了,从竹马变成了龙。这个故事可看作是龙图腾崇拜的一个象征性体现。心理学家荣格认为,每一个心理过程都有许多原型,乘龙不仅是个人的想象,而且反映了自远古时代祖先遗留的集体潜意识。儿童的象征性游戏如骑龙,也可能体现了著名人种志学家列维—布留尔(Levy-Bruhl)所说的神秘参与的原始心理过程。

诗人杜甫有首《桃竹杖引赠章留后》,其中有这样的句子:

> 杖兮杖兮,尔之生也甚正直,慎勿见水踊跃学变化为龙。使我不得尔之扶持,灭迹于君山湖上之青峰。③

关于"杖兮杖兮,尔之生也甚正直,慎勿见水踊跃学变化为龙"之语,有人解释为诗人是在劝朋友不可踊跃变化为龙割据一方;然而,很直观地,我们似乎看到,在杜甫身上有一个"永恒的儿童",在童真世界里,竹竿就是白马、竹竿就是青龙,会驰骋、会飞腾。但在理性意识中,竹竿就是拐杖。在意识和潜意识这两种不同的状态变化流动中,诗人反复叮咛着:竹竿啊竹竿,你千万不要飞上天去,否则老汉我爬山的时候依靠谁?!

不知是谁,是那些不通人情的幼儿,还是永远不愿长大的人,更会沉湎于"竹马"的记忆和想象?

六、花大姐推磨

小时候笔者和小伙伴喜欢一种名叫花大姐的昆虫,现在才知道花大姐的学名叫

---

①　范晔:《后汉书(四)》,李贤等注,崇文书局 2016 年版,第 1959 页。

②　范晔:《后汉书(五)》,李贤等注,崇文书局 2016 年版,第 2264—2265 页。

③　仇兆鳌:《杜诗详注(第五册)》,浙江大学出版社 2016 年版,第 1386 页。

"斑衣蜡蝉"(见图5-12)。这种昆虫有一个特点:如果拿一粒大沙子放在它面前,它就会用爪子把沙子转来转去,就像推磨一样。我们小孩子觉得新奇,就捉住花大姐让它推磨,一边看一边唱:"花大姐,你推磨。烙馍馍,你一锅,我一锅。"这首童谣是什么时候流传下来的? 不得而知。从哪个地方兴起的? 也不得而知。这些谜题仿佛花大姐翅膀上的斑点,很难条分缕析地厘清了。

图 5-12   花大姐(斑衣蜡蝉)

七、磕头虫卜麦

明代刘侗、于奕正在《帝京景物略》中记载:

> 有玄身而两截,形刚而性媚,按其后,首则前顿,声嚄嚄然,仰置之,弹而上,还复其故处,不能遂覆而走也,曰叩头虫,一曰捣碓虫焉。①

由于磕头虫被翻过来后就会高高弹起,这一特征就被用来占卜麦子能长多高,讨个吉利。儿童捉住磕头虫(见图5-13)后,将它翻过来,问:"麦子能长多高?"磕头虫弹起来,仿佛在比画麦子的高度。如果磕头虫一时没弹起来,儿童就拍一下它旁边的地面,以便把它惊起来。② 这与有人利用狗汪汪叫的特征而特意到狗面前问"我今年的运气旺不旺"的举动同出一辙。

同样是将动物纳入游戏之中,成人与儿童的动机与行为大不相同。成人玩赛马、赛狗、斗牛、斗鸡等游戏时,更为看重金钱等外在因素;儿童与动物玩耍则更多出

① 刘侗、于奕正:《帝京景物略》,上海远东出版社1996年版,第190页。
② 王文宝:《中国民间游戏》,华龄出版社2011年版,第156页。

图 5-13　磕头虫

于好奇的天性。例如上述"花大姐推磨""磕头虫卜麦"等游戏中,儿童将花大姐、磕头虫视为玩具乃至玩伴,纯然出于天性。就如同云南儿歌《玩玩就放你》中所唱:"大麦稭,小麦稭,丁丁猫,落下来,不打你,不骂你,玩玩就放你。"①即便有时在玩耍过程中表现出暴力倾向,也是因为他们还不能分辨自己行为的善恶。正如《西游记》在描写孙悟空大闹天宫时所作的一首诗:

> 圆陀陀,光灼灼,亘古常存人怎学? 入火不能焚,入水何曾溺? 光明一颗摩尼珠,剑戟刀枪伤不着。也能善,也能恶,眼前善恶凭他作。善时成佛与成仙,恶处披毛并带角。无穷变化闹天宫,雷将神兵不可捉。②

游戏,尤其是出于天性的儿童游戏,是生命力的表现,超越对错。

---

① 蒋风:《中国传统儿歌选》,广西人民出版社 1983 年版,第 99 页。原文注:丁丁猫即蜻蜓。
② 吴承恩:《西游记》,上海大学出版社 2015 年版,第 49 页。

第六章　社会交往游戏

本书所说的社会交往游戏,是指参与的双方或群体在活动中致力于人际互动和沟通的游戏。社会交往游戏体现了个体和群体两方面的社会性心理需求和文化的意义建构:通过社会交往游戏,个人可以更好地融入群体,找到身份认同和归属感,有利于个体的社会化,也可以帮助群体形成凝聚力和加强协调性。

第一节　合作类社会交往游戏

一、抬花轿

抬花轿有着悠久的历史,连年画中都有老鼠娶新娘、新娘坐花轿的画面(见图 6-1)。

图 6-1　老鼠娶亲年画

一群老鼠排成队伍,抬着披红挂绿的大花轿,吹吹打打,好不热闹。有童谣是这样唱的:

八只老鼠抬花轿,两只老鼠放鞭炮,

四只老鼠来吹号,呜里哇啦真热闹。

老猫听见来贺喜,一口一只全吃掉。[1]

老鼠模仿人类娶亲,儿童也会模仿成人玩抬花轿的游戏。抬花轿游戏需要三人一组,两人双手交握,做成花轿的样子,另一人骑在轿子上,扮演新娘的角色(见图6-2)。

图6-2　儿童抬花轿游戏

儿童数量多的时候,还会分组比赛,看哪组最先跑到终点。有些地方还会边抬花轿边唱:

呜哩呜,哇哩哇,将个媳妇不在家。[2]

这些俏皮的歌词和顺口溜,使得抬花轿更加喜庆、好玩。

二、过家家

过家家,又叫作扮家家酒、扮娃娃家,是常见的幼儿游戏。现在的幼儿园里也有专门的娃娃家区角。旧时挑担串街的货郎,常常贩卖一些用于过家家的泥制小炊具,现在商场里也有专门的过家家玩具。

学者郭立诚这样回忆幼时扮家家酒的玩具:

① 沈嘉荣、沈杉:《中国老游戏》,青岛出版社2020年版,第12页。

② 《杂艺》,郭泮溪主编,山东友谊出版社2004年版,第89页。原文注:将是娶的意思。

有一年我过生日,常家大表嫂送了我一桌酒席。一张小桌子,上面摆的菜肴都是泥捏的,外面涂上油漆,就跟旧式婚礼会亲筵席一样,也都是用高脚碟装着四干四鲜的果品、鱼池鸭海,小杯碗无一不备,每件只有一寸来高,做得惟妙惟肖,我非常喜爱。这桌酒席在我们过家家请客时候经常被派上用场,玩完立即收到纸盒里,生怕丢了或弄坏了。[①]

制作精美的玩具与未经加工的粗糙材料,在幼儿游戏中各有各的用处。用细致精美的工艺加工儿童玩具,并作为礼物赠送,体现了成人对童心的呵护。童年时代的玩具,对孩子而言是独具特色的小宝贝,总是让人钟爱珍惜,甚至到了老年也难以忘怀。

儿童玩婚嫁游戏的目的只在于游戏本身,而成人则会给婚嫁赋予各种繁杂曲折的象征意义,例如传宗接代、家族传承、香火祭祀,等等。幸而,儿童的婚嫁游戏只有喜庆热闹的一面,不牵涉深层艰辛之处。

三、结拜

结拜即没有血缘关系的人基于共同义气(或利益)结为兄弟姐妹,维护共同的利益关系。民间俗语说"磕头拜把子",文雅用词就说"八拜之交"。

儿童也许不明白八拜之交意味着什么,但是他们会由于好奇心而模仿成人的结拜行为。关于结拜的童谣有:

> 拜,拜,拜海棠,海棠叶儿一拃长。
> 姑娘穗儿,奔拉地儿。
> 地光,切姜,
> 姜辣,切瓜,
> 瓜甜,咱俩拜个闰月年。

另有版本:

> 对,对,对花瓶。花瓶花,二百八。

---

① 郭立诚:《中国民俗史话》,百花文艺出版社 2004 年版,第 85—86 页。

　　两个小姐跪下吧。

　　对,对,对花瓶。花瓶花,二百八。

　　两个小姐起来吧。

唱到"跪下吧"的时候,就假装跪拜。①

还有版本:

　　吾拜,吾拜,吾拜四方啊,

　　四方的犄角皮儿两张啊;

　　两张两张脆呀,油炸脆呀。

　　谁是姐呀? 我是姐呀。

　　谁是妹呀? 我是妹呀。

　　咱们姐儿俩有一跪呀。②

　　人类不仅自己结拜,还连带着让猫狗也结拜。浙江南部旧时儿童经常这样玩:一个儿童抱着猫,一个儿童抱着狗,另有一个儿童担任赞礼生,三人演着猫狗结拜的把戏。《中国传统童谣书系:自然歌》中记载了此类童谣:

　　猫哥狗弟,相敬致礼。你躲门外,我缩门底。你守金银,我管粮米。敌忾同仇,盗贼老鼠。两下和睦,无分彼此。有违斯盟,我就打你。③

　　做赞礼生的儿童念着童谣,另两个儿童则用手按着猫狗低头行礼。可怜的猫和狗,莫名其妙地被按着头结拜,结盟明誓,还被威胁"有违斯盟,我就打你"。猫狗的同盟自然是儿戏,若儿童能从中领悟友谊的真谛,这种游戏也就有了更深厚的意义。

四、踏青

　　春天到野外踏青是令人心旷神怡的事情,也是历史悠久的传统习俗。农耕文化讲究春种秋收,故而重视万物复苏的春季,并祭祀迎春。西周时十分重视春季的祭

① 《杂艺》,郭泮溪主编,山东友谊出版社 2004 年版,第 132—133 页。
② 王文宝:《北京民间儿歌选》,浙江人民出版社 1982 年版,第 163 页。
③ 金波:《中国传统童谣书系:自然歌》,接力出版社 2012 年版,第 40 页。

礼,视正月为孟春,二月为仲春,三月为季春,在这三个月里,天子与公卿大臣都要参加相应祭春的典礼。据《礼记》记载:

> 孟春之月……立春之日,天子亲帅三公、九卿、诸侯、大夫,以迎春于东郊……天子亲载耒耜……反,执爵于大寝,三公、九卿、诸侯、大夫皆御,命曰劳酒。
>
> 仲春之月……玄鸟至。至之日以大牢祠于高禖,天子亲往,后妃帅九嫔御。乃礼天子所御,带以弓韣,授以弓矢于高禖之前。
>
> 季春之月……是月之末,择吉日大合乐,天子乃率三公、九卿、诸侯、大夫亲往视之。是月也:乃合累牛腾马游牝于牧……命国难九门磔攘,以毕春气。①

可以看出,孟春之月,天子带领贵族大臣到郊外举行祭祀迎春、祭拜上天以及亲耕的典礼,而且典礼后有赏赐、宴饮等娱乐活动。

仲春之月,用三牲祭祀高禖神。天子亲自前往,后妃率领后宫所有女眷陪同。为天子所御幸而有孕的嫔妃举行典礼,给她戴上弓套,授给她弓箭,嫔妃以弓箭插入弓套之中。这里的高禖是管理婚姻和生育之神,在神前进行带有些许巫术与性意味的仪式,正是为了祭祀高禖神,以便子嗣旺盛。

季春之月,月底选择吉日举行大规模歌舞,天子带领天子带领贵族大臣去观看。把公牛、公马与牝牛、牝马放在一起……命令举行驱逐疫鬼、磔牲之祭,以便制止春季的不正之气。

从《礼记》的记载可以看出:春天里天子与贵族会外出举行多次庆典,庆典的内容包括祈祷五谷丰登、人口繁衍以及娱乐欢庆等。那么百姓踏青会做什么呢?

《诗经》有云:

> 溱与洧,方涣涣兮。士与女,方秉蕳兮。女曰观乎? 士曰既且。且往观乎? 洧之外,洵訏且乐。维士与女,伊其相谑,赠之以勺药。②

大意是:溱河洧河春来荡漾绿波,男男女女手拿兰草游乐。姑娘说:"去看看?"

---

① 孔子:《礼记》,郑玄注、陈戍国点校,岳麓书社 2006 年版,第 290—292 页。
② 周家丞:《诗经全解》,言实出版社 2019 年版,第 171 页。

小伙说："我已去过。""请你再去陪陪我！"洧河那边又宽敞又快活,少男少女互相调笑戏谑,送芍药订约。勺药即"芍药",暗含定情之意。《毛诗传笺通释》中云:"又云'结恩情'者,以勺与约同声,故假借为结约也。"①我们常说的"媒妁之言",亦含"勺",就是这种古老风俗的余绪。《周礼》中规定:"中春之月,令会男女。于是时也,奔者不禁。"②在万物复苏的春天,不论贵族、平民,都有追求青春和爱情的梦想,体验人生的纯真欢乐。所以孔子慨叹,古时的人们"思无邪",诚于中而发于外。

漫长的冬天过去后,春回大地。人们顺应自然的节奏,在万物复苏的春天亲近自然,放飞自我,舒展生命。大自然季节轮替,周而复始,在历史长河中,生命的青春悸动和人性能量的飞扬不曾停顿与消歇,保持着顽强的生命力。也正因如此,从《诗经》的时代以至今天,踏青习俗长久流传而不衰。

第二节　竞争类社会交往游戏

一、老虎抱蛋及其变式

抱蛋是民间俗语,意思是"孵蛋",老母鸡要孵蛋的时候一般会被称为老抱鸡,孵蛋的行为被称为抱窝。老虎抱蛋是一种具有跨文化性的游戏,不同的民族和地区有着不同叫法,游戏方式上也略有区别。具体而言,在云南和贵州的彝族人称其为老虎抱蛋,在四川凉山地区的彝族人称其为老虎护子或狐狸护儿,福建畲族人称其为猴抱蛋或猴捡蛋,广西仫佬族则称其为凤凰护蛋,广西贺州的汉族儿童称为南蛇孵蛋。③ 下面分别介绍。

(一)老虎抱蛋

云南楚雄州双柏县彝族的跳虎节上,八个人扮作老虎,分为两组表演老虎抱蛋(孵蛋),一只"老虎"手脚着地趴在地上保护着身下被当作虎蛋的松球,另三只"老虎"设法抢蛋。抱蛋虎手不离地,脚可随意飞旋踢扫抢蛋者。凡被抱蛋虎扫中的则罚抱蛋,轮换角色。

用来抱蛋的"老虎"在当地人心目中是神一样的存在。当地在古时的规矩是"三

---

① 马瑞辰:《毛诗传笺通释》,陈金生点校,中华书局 1989 年版,第 290 页。
② 《周礼》,郑玄注、陈戍国点校,岳麓书社 2006 年版,第 32 页。
③ 张新立:《彝族儿童民间游戏"老虎抱蛋"的发源和变迁》,《西南师范大学学报(人文社会科学版)》2006年第 5 期,第 57—60 页。

年跳虎、三年打秋"。后来因种种原因被要求停止跳虎、只许打秋千,但是打秋千时不幸摔死了人,当地人传言说是触怒了虎神。再后来就不再遵循"三年跳虎、三年打秋"的古制,而是只跳虎、不打秋了。以一己之力硬扛外在压力,硬生生将打秋千活动抹去,可见虎神在当地民众心中的权威。

(二)狐狸护儿

四川凉山彝族流传着狐狸护儿的游戏。参与者首先说一个物体,比如太阳、弓、矛等,然后将三块石头扔到地上,由石头构成的形象决定谁扮狐,比如,像太阳的话就由事先说太阳的人做狐,像弓的话就由事先说弓的人做狐。然后,"狐"四肢着地,护着面前的儿(前述三块石头)。在争抢过程中,"狐"踢到谁,谁就替换他做狐。如果玩了三轮这样的游戏,即九个孩儿都被抢光,而"狐"仍未能踢到别人,这个狐就变成了"老爷"。这里的老爷不像现实生活中那样能够作威作福,而是要受到某种游戏性的惩罚,比如被众人抬起来颠"屁股墩"。

(三)猴抱蛋

又称"猴捡蛋",是福建畲族的民间游戏。一个人趴在地上扮猴子,腹下放一块鹅卵石作为蛋,其他人去抢蛋。在争抢过程中,"猴子"踢到谁,谁就替换他做猴子。若蛋被人抢走,"猴子"就要受罚唱歌,并继续扮猴子。

(四)凤凰护蛋

广西罗城仫佬族有个传说:很久以前,一只凤凰飞到仫佬族所在地区下了一个蛋,还带来了天米和仙桃给人种植。天神发怒射死凤凰,凤凰便化作凤凰山,凤凰蛋便化作凤凰山前的哆罗岭,山与岭犹如母子相依。凤凰护蛋游戏就是以此为蓝本:地上画一圆圈为凤凰窝,圈里放三块小石头为凤凰蛋,一个人扮凤凰护卫着蛋,另有五个人扮天兵天将来抢凤凰蛋。在争抢过程中,被"凤凰"踢到的"天兵天将"就被罚下场,倘若"天兵天将"被罚光了,而蛋没有被偷完,则"凤凰"赢;倘若蛋被抢光了,而场上还有"天兵天将",则"天兵天将"赢。①

(五)南蛇孵蛋

南蛇的学名是滑鼠蛇,雌蛇将卵产于灌木丛中的落叶下面,然后盘于卵上保护。广西贺州流传着南蛇孵蛋的游戏:捡一堆拳头大小的石头作为南蛇蛋,众人抽签决定谁扮南蛇,四肢着地护蛋,众人哄抢南蛇蛋。在争抢过程中,"南蛇"踢到谁,谁就

---

① 陈韦薇、韦丽春:《仫佬族儿童游戏中的传统体育文化研究》,《体育科技》2021年第1期,第30—32页。

来替换他扮南蛇。倘若"南蛇"谁也没碰到,蛋却被抢光了,他就要继续扮南蛇来孵蛋。

　　这几个游戏的玩法大同小异,场景都是一人护蛋,其他人抢蛋。不同之处在于细节,例如,来抢的人数多寡、蛋的数量多寡、护蛋者是怎么指定的、输赢后的惩罚如何等。

　　我们知道,老虎是胎生而非卵生,所以老虎抱蛋(孵蛋)显得十分怪诞。这就牵涉到古人的宇宙观以及对老虎的图腾崇拜。《中华彝族虎傩》中记载了云南楚雄彝族自治州流传的民间故事,故事描述老虎是天地万物的始祖,天地是老虎孵的蛋生出来的:最早时天地像个蛋,老虎孵着蛋生出天与地,天地有尾巴,在很远的天边,天和地尾巴相连。① 彝族著名史诗《梅葛》记载了盘古及儿女造天地以及用老虎化作万物的故事:

　　　　远古没有天! 远古没有地!
　　　　要造天,要造地。
　　　　哪个来造天? 哪个来造地?
　　　　盘古来造天,盘古来造地。
　　　　天造了,地定了。
　　　　要造天,要造地。
　　　　哪个来造天? 哪个来造地?
　　　　蜘蛛来编天,巴根草来织地。
　　　　方咕为天,噜阳为地。
　　　　噜阳的儿子放牛,一棍打破了蜘蛛网,
　　　　巴根草被牛吃了,天被扯坏了。
　　　　怎么办好呢? 只好告诉天神。请天神帮忙。
　　　　盘古有九个儿子,派下来造天;
　　　　盘古有七个姑娘,派下来造地。
　　　　造天儿九个,造地女七个,
　　　　方咕为造天儿,噜阳为造地女。
　　　　造天咋个造? 造地咋个造?

---

　　① 唐楚臣:《中华彝族虎傩》,云南人民出版社 2000 年版,第 25 页。

先用斋饭敬，再用黄酒敬，

造天即可成，造地即可成。

过了好多年，天造好了；

过了好多年，地造好了。

造天要用擎天柱，造地要用擎地柱。

哪样做天柱？哪样做地柱？

盘古说：杀只老虎来撑天。

虎股骨做擎天柱，抓三对鱼做擎地柱。

老虎来做天，虎皮来做地；

虎肉变为土，虎肚变大河；

虎肝变彩云，虎肠变江河；

虎血变海水，虎牙变星星；

左眼变太阳，右眼变月亮；

虎毛变树草，虎须变阳光。[①]

昆明东郊彝族的女"萨母"（巫师）中流传一本《萨母世本》，里面记载：曾有一只老虎在孵蛋，氏族战争爆发后老虎被吓跑了，老鹰就把虎蛋叼到树上的鸟巢中，各种鹰都飞来孵蛋，终于从蛋中孵出一个女婴，便是当时萨咪彝人的第一代"萨母"。

在古代彝族人看来，世间万物是老虎身体所化，连人（萨母）都是老虎从蛋里孵出来的，老虎抱蛋的游戏可能反映了他们的创世神话信仰。至于其他动物，如狐狸、猴子、凤凰、南蛇等在游戏中的变式，则是不同地区人民根据当地的实际情况进行的演化。

二、杀羊羔及其变式

(一)杀羊羔

杀羊羔游戏广为流传，游戏规则与老鹰捉小鸡类似，但是前来进攻的角色从动物换成了人类。根据地域与唱词的不同，可以分为以下几种。

1. 河北大名县的杀羊羔

河北大名县的杀羊羔游戏，先选出两人扮作杀羊羔人和头羊，其他人扮羊羔。

---

① 李云峰、李子贤、杨甫旺：《"梅葛"的文化学解读》，云南大学出版社 2007 年版，第 265—267 页。

游戏开始前,"杀羊羔人"和"头羊"有一番对话:

头羊:你蹲那儿干啥嘞?

杀羊羔人:扒坑儿嘞。

头羊:扒坑儿干啥嘞?

杀羊羔人:盛水嘞。

头羊:盛水干啥嘞?

杀羊羔人:磨刀嘞。

头羊:磨刀干啥嘞?

杀羊羔人:杀恁的羊羔嘞。

头羊:俺的羊羔吃恁嘞啥啦?

杀羊羔人:一斗谷子二斗糠。

头羊:还恁。

杀羊羔人:不要。

头羊:隔墙撂。

杀羊羔人:不接。

头羊:从墙窟窿儿里塞。

杀羊羔人:不掏。

头羊:恁想要啥嘞?

杀羊羔人:要恁嘞羊羔嘞。

然后,杀羊羔人比划着杀羊,追逐与反抗正式开始。

2. 山东曹县的杀羊羔

在山东曹县的杀羊羔游戏中,由两人分别扮牧人和屠夫,其他人扮羊羔。游戏开始前,"牧人"和"屠夫"有一番对话:

屠夫:磨,磨,磨快刀。

牧人:磨刀干吓?

屠夫:杀您的羊羔。

牧人:俺的羊羔吃恁的吓啦?

屠夫:吃俺一斗蜀黍二斗麦。

牧人：买来还恁中不？

屠夫：快点买来！（但是不论牧人买来什么都被屠夫拒绝）

屠夫：你买的东西我都不要！一心要宰你的羊羔。①

对话结束，众人开始玩类似老鹰捉小鸡的游戏。

3. 山东成武的杀羊羔

山东成武的杀羊羔游戏也和上述玩法类似，游戏开始之前，"杀羊羔者"与"放羊人"同样有番对话：

杀羊羔者：咯叭咯叭咯叭。

羊主人：咯叭咯叭治啥哩？

杀羊羔者：劈柳条哩。

羊主人：劈柳条治啥？

杀羊羔者：编筢篱。

羊主人：编筢篱治啥？

杀羊羔者：捞石碴。

羊主人：捞石碴治啥？

杀羊羔者：做磨石。

羊主人：做磨石治啥？

杀羊羔者：磨小刀。

羊主人：磨小刀治啥？

杀羊羔者：杀您哩羊羔。

羊主人：杀俺羊羔治啥？

杀羊羔者：吃俺哩啥啦。

羊主人：吃哩啥？

杀羊羔者：一瓢米一瓢面，一瓢麸拉子带下面。②

至此唱完，大家就开始你追我挡地玩起来了。

---

① 张威华：《二三十年代曹县的儿童游戏》，《民俗研究》1988 年第 3 期，第 72—73 页。
② 姚现民：《山东成武的民间儿童游戏》，《民俗研究》1988 年第 3 期，第 74—76 页。

如果说老鹰捉小鸡系列游戏反映了人类面对大自然时与天灾的抗争，那么杀羊羔系列游戏则反映了人类对人祸的抵抗。游戏中，羊羔被杀的理由是它们吃了别人的秕糠、麦子、面，即使放羊人提出赔偿，杀羊人也不肯接受，坚持杀掉羊羔。放羊人试图欺骗杀羊人、带羊羔逃跑的行动也是徒劳。

在东西方的语境中，都有将人比喻为羊的说法。西方基督教认为人性容易迷失，就像迷途的羔羊，耶稣自称牧羊人。我国古代也将百姓比喻为羊，将地方官员比喻为放牧人。例如，我们熟悉的刘备就做过豫州牧，即豫州的最高长官。"十羊九牧"形容官多民少，赋税剥削很重；也用于形容使令不一，令人无所适从。

与老鹰捉小鸡系列游戏类似，杀羊羔游戏在锻炼身体的同时，放羊人的保护者角色也能够给人提供心理安慰。

（二）老鹰捉小鸡

老鹰捉小鸡是常见的集体游戏。用黑白配或猜拳选出"老鹰"和"母鸡"，其他人都扮小鸡。老鹰要抓小鸡，母鸡则左扑右挡地阻止老鹰，老鹰不能推母鸡，只能跑动避开母鸡去抓小鸡。母鸡的身体可以左右移动，身后的小鸡们也随着转动。如果小鸡被老鹰冲散或者捉光，则老鹰赢，游戏结束。

（三）黄鼠狼叼鸡

黄鼠狼叼鸡是山东泰安常见的游戏，与老鹰捉小鸡游戏相比，就是将老鹰换成黄鼠狼，伴随的儿歌是：

打、打、打更了，
灯灭了，睡觉了，
黄鼠狼要偷鸡了。①

唱完后，就用与老鹰捉小鸡类似的规则来玩游戏。

（四）卖大布

老北京流传的卖大布游戏也是一个人捉，一个人挡，其他人躲在挡者后面。但是，与老鹰捉小鸡游戏相比，将老鹰换成了买布人，将母鸡换成了卖布人，将小鸡换成了布。这样，就减少了与天敌斗争的紧张感。在买布人捉布之前，大家也要唱上几段。

---

① 王桂华：《中国民间游戏》，毛用坤绘图，上海教育出版社 2000 年版，第 58 页。

第一段唱词：

众人:拨棱,拨棱,卖大布呀,又卖针儿呀,又卖线儿呀,又卖老太太裤腰带儿呀。

买布人:卖大布哎!

卖布人:唉!

买布人:有针儿吗?

卖布人:有。

买布人:有线儿吗?

卖布人:有。

买布人:有老太太裤腰带儿吗?

卖布人:有,忘了带来啦。

买布人:下回给带来吧。

卖布人:好嘞!

众人:拨棱,拨棱,卖大布呀,又卖针儿呀,又卖线儿呀,又卖老太太裤腰带儿呀

买布人:卖大布哎!

卖布人:唉!

买布人:老太太裤腰带儿给带来了吗?

卖布人:哟,又忘给带来啦!

买布人:下回想着带来吧。

卖布人:好嘞!

众人:拨棱,拨棱,卖大布呀,又卖针儿呀,又卖线儿呀,又卖老太太裤腰带儿呀。

买布人:卖大布哎!

卖布人:唉!

买布人:老太太裤腰带儿给带来了吗?

卖布人:带来啦。

买布人:要多少钱哪?

卖布人:您给××钱吧!

买布人:您兜着什么呀?

　　卖布人：小猫儿。您兜着什么呀？

　　买布人：小狗儿。您喂它什么呀？

　　卖布人：烧肝儿。您喂它什么呀？

　　买布人：烧羊肉。您给它用什么碗哪？

　　卖布人：金碗。您给它用什么碗哪？

　　买布人：银碗。

　　卖布人：咱们俩换换吧？

　　买布人：好吧。

　　两人同时：一换，两换，逮着不算！①

　　说完，大家便追、拦、躲、闪地玩起类似老鹰捉小鸡的游戏来。

　　卖大布游戏虽然与老鹰捉小鸡、杀羊羔系列游戏的玩法类似，但是已经没有母鸡护子抵抗天敌、放羊人护羊抵抗人祸的情节了。这使得卖大布游戏更加轻松，唱词琐碎，贫嘴随意。

　　（五）狼咬猪

　　明代许浩在《复斋日记》中记载了儿童玩"狼咬猪"游戏的情景：

　　　　正统十四年，京师小儿嬉戏，群环一小儿，而匿一小儿于外，一小儿呼问曰："正月里狼来咬猪么？"众曰："未。"按月问之，皆曰："未。"至于八月，则外之小儿破群而取环之小儿而去，诸小儿逐之以为乐。

　　当时有人相信风靡的游戏或童谣会预示着重大的历史事件，由于明英宗于当年八月十三被俘，应了游戏中的预兆：到八月狼来咬猪（朱），于是这个游戏得以被记录下来。

　　（六）马虎咬羊

　　《莱阳县志》记载了"马虎咬羊"的游戏，与狼咬猪游戏相比，同样也是众人拉手围成圈，一人在圈里，一人在圈外，圈外的人要伺机攻击圈里的人；不同的是圈外的人不问话："群儿择广场，手携作环，一儿为羊，环者护之。一儿为狼，乘间逐羊。狼

――――――――――

　　① 王文宝：《北京民间儿歌选》，浙江人民出版社 1982 年版，第 183—184 页。

每冲突出入，环者捶击，谓之马虎咬羊”（见图 6-3）。

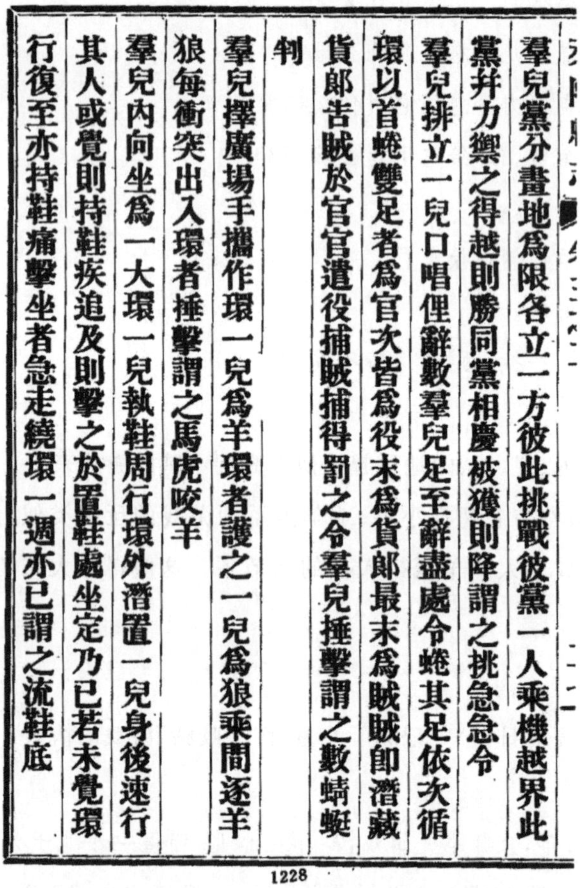

羣兒黨分畫地爲限各立一方彼此挑戰彼黨一人乘機越界此黨并力禦之得越則勝同黨相慶被獲則降謂之挑急急令

羣兒排立一兒口唱俚辭數羣兒足至辭盡處令蜷其足依次循環以首蜷雙足者爲官次皆爲役末爲貨郎最末爲賊賊卽潛藏貨郎告賊於官官遣役捕賊捕得罰之令羣兒捶擊謂之數蜻蜓判

羣兒擇廣場手攜作環一兒爲羊環者護之一兒爲狼乘間逐羊狼每衝突出入環者捶擊謂之馬虎咬羊

羣兒內向坐爲一大環一兒執鞋周行環外潛置一兒身後速行其人或覺則持鞋疾追及則擊之於置鞋處坐定乃已若未覺環行復至亦持鞋痛擊坐者急走繞環一週亦已謂之流鞋底

1228

图 6-3 《莱阳县志》中记载的“马虎咬羊”游戏

当地把狼称为马虎，现在仍有大人用“马虎子来了”之语吓唬幼儿。

狼咬猪、马虎咬羊游戏反映了家庭养殖业对抗外来猎食者的情况。有研究认为，早在新石器时代就已经有家庭在饲养猪等动物。[①] 可以推论，虎、狼等肉食动物与人类家庭争夺猪、羊等家畜的行为由来已久，狼咬猪之类的游戏也源远流长。

从心理健康角度看，狼咬猪系列游戏有助于儿童消解对狼等凶猛动物所代表的凶残力量的恐惧。有些家长用凶残力量吓唬孩子，诸如“你再不听话，狼就把你捉去了”等，这会让孩子产生心理创伤。而在游戏中，反复扮演狼或猪等角色，会让孩子感到狼也没那么可怕，有助于他们的心理愈合。

---

① 谢崇安：《中国原始畜牧业的起源和发展》，《农业考古》1985 年第 1 期，第 282—291 页。

（七）猫拿耗子

老北京流传着猫拿耗子的游戏，与狼咬猪系列游戏相似，同样也是众人拉手围成圈，一人在圈里，一人在圈外，有问有答，而且猫拿耗子游戏的问答要更加详细；不同的是，狼咬猪游戏里是狼入圈追猪，而猫拿耗子游戏里最后耗子出圈被猫追。游戏过程如下。

众人拉手成圆环，边转圈边唱：

一更鼓里天儿呀，猫拿耗儿呀！
天长哩，夜短哩，耗子大爷起晚哩。

唱完停止转圈，此时圈外的猫问：

耗子大爷在家吗？

圈内的老鼠答：

耗子大爷还没起床哪。

接下来众人不断地从一更天儿唱到十更天儿，每次猫的问话都一样，而耗子的回答则各有不同：

（二更鼓里天儿）耗子大爷穿衣裳哪；
（三更鼓里天儿）耗子大爷漱口哪；
（四更鼓里天儿）耗子大爷洗脸哪；
（五更鼓里天儿）耗子大爷喝茶哪；
（六更鼓里天儿）耗子大爷吃点心哪；
（七更鼓里天儿）耗子大爷吃饭哪；
（八更鼓里天儿）耗子大爷剔牙哪；
（九更鼓里天儿）耗子大爷抽烟哪；
（十更鼓里天儿）耗子大爷上街遛弯去啦！

十更天儿唱完之后,圈里的老鼠出圈,猫开始追老鼠。由这个游戏改编的绘本《耗子大爷在家吗?》[1],既温馨又富于童趣。

游戏与现实遵循着不同的规则,现实中的弱者耗子在游戏中被称呼为大爷,悠闲地度过懒散而讲究的早晨;而现实中的强者猫在游戏中却只能在圈外等着耗子大爷,连台词都没有耗子精彩。这种反差有助于舒缓紧张的心理压力,让现实中被压得喘不过气儿的心灵得到些许抚慰。也许正是出于类似的原因,动画片《猫和老鼠》才风靡世界,常盛不衰吧。

三、捞小尾巴鱼及其变式

(一)捞小尾巴鱼

老北京流传捞小尾巴鱼的游戏。参加的人分成甲乙两队,甲队的人相对而立,两两拉手高举扮作城门。乙队的人则排成一排,每个人都拉住前面人的衣襟,从甲队搭成的城门下通过。甲队的人唱:

一网不捞鱼,二网不捞鱼,三网就捞小尾巴儿鱼![2]

唱完,甲队的人将手放下,看看套住了乙队中的哪些人。套住人后也不惩罚,而是甲乙两队互换,乙队搭城门,甲队互相拉着衣襟从下面通过。

现在也有幼儿园组织该游戏,见图6-4。

图6-4　幼儿园里组织的捞小尾巴鱼游戏

① 周翔:《耗子大爷在家吗?》,明天出版社2012年版。
② 王文宝:《北京民间儿歌选》,浙江人民出版社1982年版,第181页。

（二）捞金鱼

山东地区流传捞金鱼游戏。用猜拳等方式决定哪两个儿童扮渔夫，其他儿童扮金鱼。扮渔夫的两人相对而立，拉手高举，众"金鱼"从"渔夫"手下快速通过。"渔夫"唱念：

一网不捞鱼，二网不捞鱼，三网捞住大金鱼！

渔夫唱完就放手，此时被圈住的儿童即被捞住的大金鱼，被淘汰出局，其他人继续游戏。游戏一轮轮地进行，直到剩下最后两条未被捞住的"金鱼"，他们是本局游戏的赢家，也是下一局游戏中的"渔夫"。

四、挑急急令及其变式

（一）挑急急令

挑急急令游戏流传范围很广，急急令在不同的地方有不同的叫法，如叽叽林、锦鸡翎、祭祭陵等，这些变化可能是因为地方口音的问题（见图 6-5）。

图 6-5　挑急急令游戏

山东胶东地区流传着挑急急令的游戏。儿童分为两队，拉开距离，相对而立，每队前画一条直线。站好后，两队对话：

甲队：急急令。

乙队：扛大刀。

甲队：俺的兵马尽您挑。

乙队：挑几个？

甲队：挑三个。①

此时，乙队便有三个儿童冲到甲队去拉人，甲队的人则极力阻拦。如果乙队的人把甲队的人拉过直线，则被拉的人就归入乙队；如果拉不过直线，又禁不住甲队的攻击，乙队的人就无功而返。甲乙两队轮流拉人与防守，游戏结束时，哪一队的人多，哪一队胜利。挑急急令游戏点到为止，没有要求全线胜利或全军覆没。

（二）鸡鸡翎抗大刀

鸡鸡翎可能是急急令的不同叫法，鸡鸡翎抗大刀游戏比挑急急令游戏更加激烈，要奋战到其中一方只剩光杆司令为止。玩鸡鸡翎抗大刀游戏的儿童分为东班和西班，拉开距离，相对而立。同一班的人手拉手站成一排，每班选出一个头目"王二贼"站在排头，两班的"王二贼"相互喊话：

东王二贼：鸡鸡翎！

西王二贼：抗大刀！

东王二贼：您那班里尽俺挑！

西王二贼：挑谁吧？

东王二贼：王二贼。

西王二贼：王二贼没在家。

东王二贼：挑您的祸疙瘩！

西王二贼：祸疙瘩睡着了！

东王二贼：一挑就活了！②

说到此处，西班一个祸疙瘩便离开队伍，跑向东班，朝着东班某两个儿童拉手的地方冲去。若能冲开，则那两个儿童就被带回西班；若冲不开，就留下当俘虏。东西两班互相冲击，直到其中一班的人马只剩下王二贼一人为止。

---

① 《民间游戏与竞技》，郭泮溪主编，中国社会出版社 2006 年版，第 27 页。

② 张勃：《试说儿童游戏在个体社会化中的作用》，《枣庄师范专科学校学报》2002 年第 6 期，第 106—109 页。

在不同的地区,开战之前的喊话也有不同的版本,黑龙江的是:

> 甲:雄鸡翎,跑马城。
>
> 乙:马城开,打发丫头小子送马来。
>
> 甲:要哪个?
>
> 乙:要红缨。
>
> 甲:红缨没在家,
>
> 乙:要你们家亲哥仨。
>
> 甲:亲哥仨不喝酒,
>
> 乙:要你家老母狗。
>
> 甲:老母狗不吃食,
>
> 乙:要你家大叫驴。
>
> 甲:大叫驴不拉磨,
>
> 乙:要你家干草垛。
>
> 甲:干草垛,插兵刀,我的兵马济你挑。[①]

河南的是:

> 锦鸡翎,扛大刀。
>
> 恁家里,让俺挑。
>
> 挑谁,挑玉梅。
>
> 玉梅不在家,挑恁姊妹仨。
>
> 俺姊妹仨不去,挑某某。

据说,河南的版本出自于豫剧《五世请缨》,玉梅指的是三郎之妻朱玉梅。

(三)冲阵

叽叽林扛大刀游戏中的"王二贼"即使冲不开对方防线还能返回本队,而冲阵游戏中更加激烈,冲阵的人若冲不开则留下做俘虏。玩冲阵游戏的人也是分为两队,

---

① 中国民间文学集成全国编辑委员会:《中国歌谣集成·黑龙江卷》,中国社会科学出版社 1992 年版,第610 页。

拉开距离,相对而立,同一队的人手拉手站成一排。站好后,其中一队喊话:

> 急急令,跑马城。
> 马城开,对面小子敢过来!?①

喊话内容另有版本为:

> 急急令,跑马城。
> 马城开,一匹老马带过来!②

喊话完毕,对方就会有一人猛冲过来,朝向拉手的地方冲去。若冲得开,就带两个俘虏(被冲开的两个人)回去;若冲不开,自己就被俘虏。双方轮流冲撞,直到其中一方剩下光杆司令。这种游戏对抗性更强。

挑急急令游戏历史悠久,明代《莱阳县志》中就有记载:

> 群儿党分,画地为限,各立一方,彼此挑战。彼党一人乘机越界,此党并立御之。得越则胜,同党相庆。被获则降。谓之挑急急令。(见图6-6)

急急令原意可能是鹡鸰鸟,《诗经》中有"脊令在原,兄弟急难"③,意思是只要一只鹡鸰鸟离群,其余的就都鸣叫起来,寻找同类,比喻漂泊异地的兄弟急待救援。挑急急令游戏中的拉人与防守即包含此意。

此外,挑急急令游戏也可能是对战争的模仿,游戏中的两军对垒、阵前挑战、俘虏与被俘虏正是冷兵器时代两军交战的情形。掠夺人口是冷兵器时代战争的目的之一,故而挑急急令游戏也以最终的人数多寡来论胜负。

(四)我们要找一个人

与挑急急令系列游戏相比,同样涉及人员分配的"我们要找一个人"游戏就温和多了。该游戏也分为两队人马,唱完一段唱词后,两队各出一个人比赛,输的人归入

---

① 《杂艺》,郭泮溪主编,山东友谊出版社2004年版,第100页。
② 吴凡、尹笑非:《民间游戏"雄鸡翎 跑马城"的文化阐释》,《安庆师范大学学报(社会科学版)》2019年第1期,第89—92页。
③ 贾太宏:《诗经通释》,西苑出版社2015年版,第237页。

羣兒黨分畫地為限各立一方彼此挑戰彼黨一人乘機越界此
黨并力禦之得越則勝同黨相慶被獲則降謂之挑急急令
羣兒排立一兒口唱俚辭數羣兒足至辭盡處令蜷其足依次循
環以首蜷雙足者為官次皆為役末為貨郎最末為賊賊卽潛藏
貨郎告賊於官官遣役捕賊捕得罰之令羣兒搖擊謂之數蜻蜓

判

羣兒擇廣場手攜作環一兒為羊環者護之一兒為狼乘間逐羊
狼每衝突出入環者捶擊謂之馬虎咬羊
羣兒內向坐為一大環一兒執鞋周行環外潛置一兒身後速行
其人或覺則持鞋疾追及則擊之於置鞋處坐定乃已若未覺環
行復至亦持鞋痛擊坐者急走繞環一週亦已謂之流鞋底

1228

图 6-6　《莱阳县志》中记载的"挑急急令"游戏

赢的队里，最后人多的一队为胜。这种游戏也有不同的版本，玩法类似，唱词不同。

王纯五在《古今儿歌》中记载四川成都的唱词是这样的：

　　甲队：我们要找一个人，一个人来一个人。

　　乙队：你们要找什么人？什么人来同她去？

　　甲队：我们要找李某某，王某来同她去。

　　乙队：李某某是我们的，拉得赢就同她去。

唱到此处，被点名的两个儿童便走到两队中间，各伸出一只手拉对方，谁输了就归入对方的队伍。接着，乙队求人，甲队应答。

北京的唱词是：

甲队：我们要求一个人哪，要求一个人哪。

乙队：你们要求什么人哪，要求什么人哪。

甲队：我们要求×××呀，要求×××呀。

乙队：什么人来同他去呀，什么人来同他去呀。

甲队：×××来同他去呀，×××来同他去呀。①

同样的，被点名的两个儿童走出队列，伸手拉对方，输了就归入对方的队伍。两队轮换，最后人多的一队胜利。

上海也有类似的玩法，只是被点名的两个儿童不是比拼体力，而是以剪刀石头布定输赢。

与挑急急令系列游戏类似，"我们要找一个人"游戏也有冷兵器时代战争的影子，但是争斗的气氛柔和了很多。

五、指星过月及其变式

（一）指星过月

指星过月这个有诗意名称的游戏适合在夜间玩。先选出两个人扮盲人和捂眼人，其他幼儿扮星星。捂眼人捂住"盲人"的眼睛，其他儿童会围上来检查是否捂紧了，有些地方在这时候还会喊："捂不严，喝驴痰。捂不好，喝驴尿。"

确认眼睛捂好后，游戏就开始了。"星星"们做着各种各样的动作从"盲人"面前走过，捂眼人则根据动作提示"盲人"，如"装瘸子的人走过""背媳妇的人走过"等。等"星星"们都通过之后，捂眼人松开手，让"盲人"猜："你猜装瘸子的人是谁？"如果没猜中就要继续猜，如果猜中了，被猜中的人就扮盲人，而本轮的"盲人"则做捂眼人。游戏期间还会说"一筛糠，二筛米，猜什么姿势全由你"。②

（二）点果子名儿

指星过月游戏是一对多，而点果子名儿游戏则是在此基础上两队对抗。玩游戏的人分为两队，每队的队长悄悄地给队员附耳取个水果或蔬菜的名字。取好名字后，甲队队长捂住乙队一个成员的眼睛，叫本队的一个队员，如："我的苹果过来，轻轻打三下，回去一齐打哇哇。"此时取名为苹果的儿童就走过来，在被捂眼睛的乙队

---

① 王文宝：《北京民间儿歌选》，浙江人民出版社1982年版，第182页。

② 李培琴、贺宝林：《中原民间游戏文化研究》，群言出版社2020年版，第89页。

成员头上打三下,然后悄悄回去。在他归队的时候,甲队成员一齐打哇哇(即拍打自己的嘴巴,发出哇哇哇的声音),为他作掩护。等"苹果"归队后,甲队队长松手,让他猜谁是苹果。若猜对了,"苹果"就出局,若没猜中就保持原状。甲乙两队轮流进行,以最后剩下人多的一方为胜。

点果子名儿游戏与挑急急令游戏一样,都是剩下人多的一方为胜,都有冷兵器时代战争的影子,然而,如果说挑急急令游戏是斗勇,那么点果子名儿游戏就是斗智了。

指星过月与点果子名儿游戏都考验思维能力,这与在西方流行后传入中国的"杀人游戏"很像。不同的是,杀人游戏有专门的卡牌,对逻辑思维能力、语言表达能力等要求更高。故而,杀人游戏适合成年人玩,而不像前两种游戏那样适合儿童玩。可惜的是,现在杀人游戏在青年人中极为流行,而指星过月与点果子名儿游戏在儿童群体中却逐渐消失了。

第三节　调适类社会交往游戏

调适类社会交往游戏既有合作的成分也有竞争的成分,但是合作与竞争表现得都不是十分显著。这类游戏有助于调适人的心理与情绪状态。

一、锔锅

锔锅是一项传统手艺,过去百姓人家过日子,锅破了、漏了不是立刻换新的,而是让锔锅匠人给修补好后继续使用。大人锔锅,好奇心强的儿童就玩"锔锅"游戏。与狼咬猪系列游戏相似,锔锅游戏同样也有众人拉手成圈的场景,不同的是将追逐成分换成了配对成分。该游戏需要单数儿童围成一圈扮锅,另有一人扮锔锅匠人,一人扮锅的主人。游戏过程如下。

众人拉手成圆环,边转圈边唱:

> 锔锅锔碗锔大缸啊,老头的帽子掉水缸啊。
> 锔锅锔碗锔大缸啊,锔老太太的尿盆不漏汤啊。

唱完了蹲下围成一圈扮锅。锔锅匠人看看锅,说:

> 这锅怎么这么小啊?

蹲成一圈扮锅的儿童站起来拉手将圆圈扩大,说:

> 说大就大。

然后仍旧蹲在地上扮锅。接下来"锅的主人"和"锔锅匠人"讨价还价:

> 锔锅要多少钱?
> 一个星星,一个月亮。
> 半个星星,半个月亮吧?
> 好吧。

然后,"锔锅匠人"就"绕锅"而行做锔锅状,边锔边说:"一个锔子,两个锔子,三个锔子……"锔到最后一个人的时候,说:"青豆,黄豆,嘎巴一溜!"

此时,蹲地上做锅的儿童就赶紧两两相抱,落单者为输。然后,两两相抱的儿童则放开怀抱,相对而立,拉手高举做城门,落单的那个儿童从一个个城门下面快跑通过,跑得慢了就会被城门卡住或被拍打后背。说起来,这应该是颇为宏大的欺负"单身狗"的场面了。

锔锅游戏对现实生活既有模仿也有创造:锔锅匠人的吆喝不过是"锔锅锔碗锔大缸",而极具语言天赋的顽童则增加了丰富的情节;锔锅匠人也许随口说一句"这锅怎么这么小啊",游戏中这锅却能够"说大就大";游戏中的讨价还价更是富有想象力,谁能拿星星月亮做价钱呢?朱元璋曾作诗咏南京燕子矶:"燕子矶兮一秤砣,长虹作杆又如何?天边弯月为钩挂,称我江山有几多!"[1]明太祖的豪气干云值得钦佩,小儿游戏中的天真烂漫的魔法思维不也是浑然天成、神游于天地之间吗?

二、割韭菜

割韭菜是农村广泛流传的游戏。找一个土堆作为山,选出一个儿童扮韭菜的守护者,其他儿童扮偷菜者。游戏开始后,"守护者"站在山上,"偷菜者"分散在周围,唱:

---

[1] 邹祖尧:《从李贽的"童心说"看朱元璋的诗歌创作》,《江淮论坛》2012 年第 5 期,第 176—180 页。

上山割韭菜，一割两口袋！①

"守护者"不能出圆圈，在圆圈内抓住谁谁就代替他做守护者。儿童好奇心强，不断有人跃跃欲试跑进菜园，守护者也就不停地更换。

三、摸白菜

摸白菜游戏也是在地上画一个小圈代表家；选出一个人扮当家的，再选出一个人扮老鹰。游戏开始，"当家的"环住"老鹰"站在"家"里，其他儿童唱：

踩白秸，摸白菜，摸摸哪儿再回来？

"当家的"随意指周围的某个物体，如柳树、柴火垛等，说：

摸摸柴火垛再回来！

于是众人便去摸柴火垛，待他们跑到柴火垛处时，"当家的"问："好了吗？"众人答："好啦！""当家的"说："好了我就放鹰啦！"

于是"老鹰"跑出来抓人，要在那些人跑回家之前抓住一个，已经跑回家的人就不能抓了。被抓住的人在下一局扮老鹰，而老鹰则扮当家的。

四、老虎换山

老虎换山是广泛流传的游戏。在地上画两个相距 2 米左右的圆圈代表两座山；选出一个人扮老虎，"老虎"站在两座山的中间；其他人则分别站在两座山上。游戏开始后，大家喊：

老虎老虎换换山！②

然后两座山上的儿童互相往对方山上跑去，"老虎"要乘机抓住一个人，被抓住

---

① 姚现民：《山东成武的民间儿童游戏》，《民俗研究》1988 年第 3 期，第 74—76 页。
② 郭泮溪：《民间游戏与竞技》，中国社会出版社 2006 年版，第 22 页。

的人就做老虎。"老虎"不能抓跑到山上的人,但是儿童天性好动,总是不停地跑来跑去,就给"老虎"提供了很多机会。

这三种都是适合儿童而不适合成人玩的游戏,尤其是老虎换山和割韭菜的游戏规则十分简单,成年人若得失心强,只要站着不动,就不会被老虎或守护者抓住;而儿童天性好动,好奇心强,总是跑来跑去,在简单的游戏中玩得不亦乐乎。由于时间久远,无法考证这些游戏的设计者是谁,很可能是儿童集体自发创造,所以特别合乎儿童的心理特点。

五、处挂处,捞挂捞

"丢啊丢啊丢手绢,轻轻地放在小朋友的后面,大家不要告诉他。快呀快呀抓住他。"这首脍炙人口的儿歌唱的是丢手绢游戏,该游戏广泛流传,游戏规则人人都懂。但与该游戏类似的"处挂处,捞挂捞"游戏就比较小众了,多见于中原地区。在当地土话中,"处"的意思是放进去,"捞"的意思是拿出来。该游戏富有情趣而且规则简单,深受儿童喜爱。

游戏开始之前,通过剪刀石头布等方式选出一名儿童为"处",一名儿童为"捞",其他儿童围成圆圈坐好,并各自将衣襟朝上包起来做成衣包。游戏开始,"处"手里握着一个小石子,将手在每个儿童的衣包里都伸进去一下再拿出来,而且边走边唱:"处挂处,捞挂捞,今年没核桃,过年给你一大包。呼啦,呼啦,都掉了!""处"走过去后,儿童可以偷偷地看看"处"有没有将小石子放在自己的衣包里,但不管有没有都要将衣包重新包起来,免得后面的"捞"看见。不仅如此,许多儿童还故意做出喜形于色或垂头丧气的样子来迷惑"捞"。

"处"走过一圈后,就轮到"捞"来猜测小石子到底在谁的衣包里,他猜是谁就点着谁唱:"金钩钩鼻儿,挂住你的嘴唇儿!"总共有三次机会,如果猜对了,就由"捞"来做"处",另选一个儿童做"捞";如果猜错了,"处"仍旧做"处",另选一个儿童做"捞"。①

---

① 《杂艺》,郭泮溪主编,山东友谊出版社 2004 年版,第 115—117 页。

第七章　游戏的昨天和明天：第四维的透视

本书尝试从现代和当代的理论和方法等角度，从多个层面较为系统地考察民俗游戏中的人性景观。我们现在遭遇到的一个主要问题是：传统的民俗游戏，与当代电子游戏，几乎是毫无连贯性可言的两个种类。把这两种游戏置于同一个研究平台加以比较和贯通，是否有可能？如果有可能，这样的贯通又有何理论研究和实际应用的含义？

第一节　民俗游戏衰落是因为电子游戏吗

每当提起民俗游戏衰落的话题，很多人都会痛心疾首地指责电子游戏，认为是电子游戏取代了民俗游戏。寻找一个替罪羊比查明真相、寻找解决办法要简单得多，何况电子游戏这个替罪羊早就被批驳得体无完肤。然而，民俗游戏的衰落真的是因为电子游戏的兴起吗？没有了电子游戏，民俗游戏就能重新繁荣吗？电子游戏是没有任何基础的横空出世的吗？站在当代游戏研究的高度，用"穿越历史"的眼光，对游戏从宏观上进行把握，就会发现，有许多十分重大的课题还在等待我们进行艰苦卓绝的探索。

一、电子游戏的前世今生

电子游戏自 20 世纪 70 年代开始出现，并迅速发展成为世界性的大潮流。因为科技手段的极大进步，电子游戏衍生出相关产业、行业、研究领域、学科专业，并将极大地影响人类文明的演进方向和未来人类生存的样态。教育、休闲、生产、消费、设计、创意，都不可避免地受到游戏行业的巨大影响。电子游戏已经发展为一个巨大的产业。①

面对这一全新的事物,传统的民俗游戏一筹莫展。而教育领域则把电子游戏看作洪水猛兽,或妖魔鬼怪,急于加以清剿或铲除。近年来,获得突破性发展的人工智能、虚拟现实、增强现实技术对于游戏研究者来说是更加丰富、多样的挑战性课题,这也呼唤着更具包容性的当代游戏理论研究。

2001 年被称为电子游戏的"研究元年"。在这一年,美国高校将电子游戏研究列为正规的课程并授予学位,全球免费开源期刊《游戏研究》(Game Studies)创刊,从美学、文化、传播层面对电子游戏开展讨论,电子游戏从新媒体和数字研究中独立出来,成为一门独立的学科,游戏学(Ludology)被学界普遍接受。② Ludology 来自拉丁语 ludus,该词在 2001 年被《超文本年鉴》(Cybertext Yearbook)收录。③

二、民俗游戏与电子游戏的相同之处

(一)都具有独特的游戏魅力

宗争以符号学和叙述学的新颖视角,提出了一个新颖的游戏定义:游戏是受规则制约,拥有不确定结局,具有竞争性,虚而非伪的人类活动。这个游戏概念划定了一个大的范围,在四个维度上的变化构成了游戏的拓扑学研究。

(1)规则:强编码—弱编码

(2)竞争:强—弱

(3)不确定结局:胜负—表演

(4)虚拟真实性:高—低④

同时具备以上四个要素的是游戏;有些活动,如表演赛,缺少不确定结局;有些活动,如戏剧表演,缺少竞争;有些活动,如劳动竞赛、法庭辩护,缺少虚拟性;有些活动,如广告营销,缺少规则;有些活动,如战争、暗杀,缺少规则和虚拟性。

从这个角度来讲,民俗游戏与电子游戏都具有魅力,这种魅力是游戏所特有的,是其他活动所不具备的。

---

① [日]渡边修司、中村彰宪:《游戏性是什么:如何更好地创作与体验游戏》,付奇鑫译,人民邮电出版社 2015 年版,第 164 页。

② 熊超琨:《电子游戏超文本叙事研究》,华中师范大学硕士学位论文,2020 年。

③ 李璐:《电子游戏的叙事美学研究》,西南大学硕士学位论文,2017 年。

④ 宗争:《游戏学:符号叙述学研究》,四川大学出版社 2014 年版,第 85 页。"虚拟真实性"是笔者的提炼,宗争的原文是"现实世界虚拟化与虚拟世界现实化",改为虚拟真实性更明白易懂。

（二）都具有"畅流"的游戏品质

人为什么沉迷于游戏，或者说玩得上瘾？对游戏的沉迷需要有三个条件：存在明确的目标；对挑战难度的认知与自身技能的平衡；能得到即时的反馈。

在游戏中，人会体验到一种"畅流"的状态：全身心投入的专注，活动经验畅流无阻，人的整个存在都沉浸于当下，意识集中，感觉灌注，意义充盈，效率极高，而且欢快愉悦，不知疲倦为何物。这个理论对于我们设计工作流程和学习课程有极大的指导意义。畅流理论的大意可用图 7-1 来表示。[①]

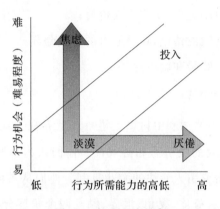

图 7-1　畅流理论示意

畅流理论的大意是：行为机会由难易程度决定，任务太容易，会引发玩家的冷淡反应，太难则会引起焦虑；所需能力太低，没有刺激，要求太高则会引起失败而导致厌倦。适中的难度和能力要求，容易让玩家积极投入。玩家进入游戏，不断提升挑战性，是不断获得积极体验的主要手段。

畅流的经验使人类不断追求刺激和挑战并克服困难，从而提升自我的本心。从这个角度来讲，民俗游戏与电子游戏都具有"畅流"的品质，都能够引人入胜。

三、民俗游戏与电子游戏的不同之处

民俗游戏与电子游戏的不同之处有很多，本书只从最常见的几方面加以论述。

（一）虚拟真实性的程度不同

关于游戏的虚拟性，我们用电子游戏的虚拟真实性来做讨论。虚拟真实性即用虚拟的手段达到真实体验的生动效果。在中国传统民俗流传久远的历史长河中，虚

---

① ［美］米哈里·契克森米哈赖：《专注的快乐：我们如何投入地活》，陈秀娟译，中信出版社 2011 年版，第35 页。

拟的真实性一直处于较低水平,例如,儿童拿一根竹竿当作马,戏曲舞台上用一根马鞭子当作千军万马,这是因为当时拟真的条件受限,与当代高科技支持的电子游戏的手段相去甚远。由此,我们不难理解,现在的年轻人和不那么年轻的人,几乎都喜欢电子游戏,因为它们变化多端,效果逼真,极易让人产生身临其境的真实感,可以调动人各种强烈的情感如兴奋、恐惧、战栗等,在模拟情境中,满足人类赌(agon)、斗(alea)、仿(mimicry)、晕(ilinx)的原始需求。

赌:预测、投注并期待自己的操作成功;

斗:在有规则的竞争中胜出,实现个人价值;

仿:尝试模拟一个新颖的角色,跨越原有的自我疆界;

晕:追求身心运动的眩晕和刺激感。①

(二)博弈的可能性不同

研究电子游戏的渡边修司和中村彰宪将游戏世界视为现实世界的延伸,并且从人类自身出发来分析游戏的吸引力和游戏性。他们认为要回答人为何沉迷于游戏这个根本性问题,必须研究引人专注的游戏机制。他们从具体的电子游戏例证分析入手,概括出如下结论:从身体、视角、世界、触觉四个角度分析,游戏是象征化的人类现实,是现实世界的延伸。② 也就是说,虚拟性并不意味着游戏是可有可无的东西。

他们提出的博弈结构组合理论为游戏设计提供了一个基本假设机制,具有很强的实用性和理论启发价值。假如我们要设计一个过关的游戏,每一个关口都是一个博弈的单元。在风险与收益之间的平衡把握中,有一个效益预估机制。激进的倾向和保守的倾向可以用来分辨玩家的不同风格。例如,一个人要跳过悬崖,有个绳子晃来晃去,如果抓住绳子就能跳过去,抓不住绳子就掉下悬崖摔死。在摔死和尽快过关之间,要在绳子晃几次后去尝试抓住呢?游戏就是由一连串的博弈单元组成的,既挑战玩家的智力、体力,又能让玩家在抉择、博弈、投入的过程中,收获成功和快乐。

传统的游戏手段相对有限,因此变化较少,在身体挑战性方面,博弈的可能性比较单一。而电子手段让我们博弈的可能性更加丰富。作为符号集合体的游戏,是人

---

① Caillois, R. *Man*, *Play and Games*, University of Illinois Press, 2001, 44.

② [日]渡边修司、中村彰宪:《游戏性是什么:如何更好地创作与体验游戏》,付奇鑫译,人民邮电出版社2015年版,第166页。

与世界关联的一种媒介形式。游戏是符号化的现实世界,是现实世界的延伸。游戏提供了一种可以不断重复而又似乎时时"越界"的人生经验,可以丰富生活的内容,添加情趣和新鲜感,而且在玩的过程中收获力量感和成就感。

总结而言,民俗游戏与电子游戏有相同之处也有不同之处,各有特色。民俗游戏的衰落有着深刻的社会原因与时代原因,并没有明确的证据可以证明其衰落是因为电子游戏。即便没有电子游戏,也可能会有其他游戏来取代民俗游戏。

游戏研究需要跨越历史和当下、虚拟和现实,必须跨越学科的界限,采取综合的灵活视角,才能处理游戏由多层面构成的整体。

第二节 时代变迁中的民俗游戏与未来的游戏

游戏,无论传统的或者现代的,都是人类智慧和创造力的产物,都是满足人类精神和情感需要的必需品。人性的结构与游戏的结构,具有某种相互对应的异质同构性。

用当代理论和方法进行民俗游戏的研究,对于民族文化的传承十分必要,对于游戏产业的创新也有重要价值。

在科技昌盛、电子游戏发达的当下,我们研究传统的民俗游戏并不仅仅是发思古之幽情,而是有着重要的现实意义。

传统的民俗游戏可能不属于高智能的技术创造。但经过若干年的积累和沉淀,民俗游戏中包含着丰富的文明密码,对它的研究意义无论怎样强调都不为过。无论如何,人类不能忘记自己的渊源和来处。

人类文明的未来会呈现怎样的趋势?未来电子游戏的设计化、工业化、智能化、产业化会有怎样的面貌?高智能一定能够产生优质的文化产品吗?虚拟现实技术将会对哪些现实进行大量复制?选择的标准是什么?其目的又是什么?技术手段本身并不足以指导我们前行。价值的选择和判断不可缺少,而这需要足够深厚的智慧!

黑格尔曾说:我们从历史中获得的唯一教训就是,人类从不接受历史的教训!

古老的传统其实离我们并不遥远。任何一个族群的今天的生存样式和状态,与其昨天有着不可分割的联系。研究我们民族的传统游戏,可以让我们从历史的角度来反观自身,知道我们从哪里来,帮助我们更加明智地选择明天要到哪里去。

西班牙的坎塔布利亚、法国的多尔多涅与比利牛斯山等地岩画的历史能追溯到旧石器时代①,而非洲甚至直到 19 世纪还有人产出新的岩画作品②。这些岩画在时间与空间上存在巨大分隔与差异,但它们样貌相似,精神气质相通,这令人啧啧称奇,也觉得不易理解。一种可能的解释是:人类精神的想象具有相似性,跨越数万年都可以归为一类。另一种可能的解释是:人类大脑的基本构造已经稳定,生物进化的步伐长期以来就已经停止。人类不同种族之间的相似性远远大于差异性。研究历史能让我们更好地预测未来,规划未来。

今天的人与历史上的人在生理结构、心理结构上十分相似。因此,系统审视人类文明进程,对于我们理解当今人类生活的源流和演变趋势具有不可忽视的启发价值。

传统民俗游戏与电子游戏之间不是非此即彼的关系,古人与今人之间也有延续性。古人和今人所生活的时代精神各有千秋,但是都不会脱离我们共同的家园,生态支撑系统具有基本的类似性、连续性。当代世界各国和联合国教科文组织共同倡导的可持续发展,都在倡导绿色、环境保护、生态系统的自我修复和人类遗产的珍视和保护,抵制过度的消费主义、环境污染、过度开发,为子孙后代留下发展的空间,让人类在地球上繁衍生息。河流、山川、丛林、城乡的和谐布局,户内与户外的联结与平衡,原生态生存方式,生产技能、工艺流程的保护和传承,也是绿色生存的重要内容。具体到游戏来说,我们不仅要有电子游戏机房和互联网终端、驾驶和航空模拟座舱,也要保留、重建林荫道、休闲区、游泳场、自行车道,在城市中也要留有街角花园、休闲广场,小区里要建有绿色庭院、健身设备专区和各种比赛表演的场地,供人们健身、娱乐、观赏、竞技。因为,说到底,人是生活在地球上的一个生物物种,原生态的人类活动方式,包括最基本的游戏方式,都应该而且必然会以某种方式得以延续和保存。自觉地留住历史,更好地保存典范,可以帮助我们更好地创造人类自身的未来。

未来的游戏,在我们的生活中可能会更重要,因此应该更合理,也更精彩。

为了让教育更有趣也更有效,需要更好的游戏资源以打造活动课程的平台;

娱乐时间的增加,需要游戏产业设计更加合乎人性需求、增进人生福祉的游戏产品;

文化艺术工作,可以利用游戏创作更好的精神产品,丰富我们的闲暇生活,提升

---

① 陈兆复、邢琏:《外国岩画发现史》,上海人民出版社 1993 年版,第 31 页。
② 陈兆复、邢琏:《外国岩画发现史》,上海人民出版社 1993 年版,第 219 页。

我们的生活品位，增进我们的人格健康；

生产业和服务业可以利用游戏的原理和生理—心理机制，合理设计工艺流程和操作模式，让部分重复、刻板、令人厌倦疲惫的劳作，变得像游戏一般流畅顺手、刺激有趣、新奇诱人、充满挑战，改善劳动者的生活品质。

这样的远景很诱人，但是需要我们付出更多的努力，才有可能成为现实。其中，对人性潜能的领悟和洞察，对科学技术人性化应用的想象，是最重要的前提条件。

第八章　何为游戏精神:一个没有标准答案的问题

回顾本书的研究历程,可以得出的主要结论有:第一,中国民俗游戏,是中华文明形成和演化进程中的璀璨明珠,是我们今天不可忽略的重要民族文化遗产。第二,研究中国民俗游戏,可以帮助我们了解自己的昨天和今天,并对中国人的心理健康维护和人格养成有启示意义,对于我们如何规划人类的未来,例如,如何设计儿童的教育,如何推进新型的游戏娱乐产业,有着不可替代的指导作用。第三,本书提出"游戏精神"的命题,试图论证这样一个观点:在我们民族的历史长河中,先辈在艰难困苦的境遇中能保持向前看的盼望;在平凡无奇的生活中,能保持坦然的幽默和微笑,能找到生活的意义。这种精神的超越性,体现在民间日常的游戏、娱乐和艺术活动之中,帮助我们的先辈走过了千难万苦的民族劫难和个人逆境。

关于游戏精神,我们可能找不到标准的或者现成的答案。也许把它当作是一个值得不断探究的问题,更有意义。

第一节　游戏精神与承担精神

《韩非子·难一》云:

> 楚人有鬻楯与矛者,誉之曰:"吾楯之坚,莫能陷也。"又誉其矛曰:"吾矛之利,于物无不陷也。"或曰:"以子之矛陷子之楯,何如?"其人弗能应也。夫不可陷之楯与无不陷之矛,不可同世而立。[1]

---

[1]　张觉:《韩非子译注》,上海古籍出版社 2012 年版,第 411 页。

从总体上来说，中国人和中国文化对待游戏的态度，一言以蔽之，就是"矛盾"二字。

这是因为，我们对于游戏精神，持有矛盾的心态。可以说是既爱又恨，不，更确切地说，是既爱又怕。

游戏精神，是个人在游戏活动中透露的一种气质、一种追求，可以这样来形容：热衷于活动本身，但凭兴趣和灵感驱使，没有固定的外在目标，不注重功利性的收益和结果，流畅欢快、诙谐幽默、轻松灵动、乐享过程，总之就是生命力本身表现为色彩斑斓的格局，却不知道为何要这样，也没有事先规定要这样。简要地说，游戏精神是自由灵动的生命精神，艺术化的创造精神。

与游戏精神相对的，是承担精神，即把生命当作一份重担来负荷的悲壮的责任心，可形容为严肃、拘谨、忍耐、吃苦、为某种外在的目标而牺牲和奉献的精神。

假如面对这样一道考试题：游戏精神或承担精神，你愿意选择哪一个作为自己的生活之道？如果没有标准答案做依据，每一个中国人，可能都会深深地纠结。这不是你我个人的问题，而是中华文化整体上面临的一对矛盾。

这一对矛盾，古已有之而长期对立，水火不容而于今为甚。下面我们来尝试举庄子和孟子为例，加以说明。

《庄子·养生主》讲了文惠君因为看解牛而得到养生要旨的故事：

庖丁为文惠君解牛，手之所触，肩之所倚，足之所履，膝之所踦，砉然向然，奏刀騞然，莫不中音。合于《桑林》之舞，乃中《经首》之会。

文惠君曰："嘻，善哉！技盖至此乎？"

庖丁释刀对曰："臣之所好者，道也，进乎技矣。始臣之解牛之时，所见无非牛者。三年之后，未尝见全牛也。方今之时，臣以神遇而不以目视，官知止而神欲行。依乎天理，批大郤，导大窾，因其固然，技经肯綮之未尝，而况大軱乎！良庖岁更刀，割也；族庖月更刀，折也。今臣之刀十九年矣，所解数千牛矣，而刀刃若新发于硎。彼节者有间，而刀刃者无厚；以无厚入有间，恢恢乎其于游刃必有余地矣，是以十九年而刀刃若新发于硎。虽然，每至于族，吾见其难为，怵然为戒，视为止，行为迟。动刀甚微，謋然已解，如土委地。提刀而立，为之四顾，为之踌躇满志，善刀而藏之。"

文惠君曰:"善哉! 吾闻庖丁之言,得养生焉。"①

庖丁宰牛时,手触、肩倚、脚踩、膝顶,动作潇洒,类似《桑林》舞的步调,进刀豁豁,合乎《经首》乐的节奏。他目中无全牛,全凭精神的灵动,依乎天理,以无厚入有间,十九年解牛数千而刀刃如新,提刀四顾而踌躇满志。

在我们一般人的眼里,解牛是很辛苦的劳作,庖丁只有很低微的身份,怎么会成为教训君王安身立命的示范者呢? 但是在庄子的理想世界里,身份和地位不能决定人的精神是否自由,工作也不应该是不得不忍受的劳苦。与天地并生的人,都应该是大写的人,哪里有什么大人物和小人物的区别? 人生,应该是贯通大道的生活艺术的体现;游戏精神,应该是每个人创造自己的生命价值的基本面貌。

承担精神,我们可以用孟子的主张作为典范。孟子云:

舜发于畎亩之中,傅说举于版筑之间,胶鬲举于鱼盐之中,管夷吾举于士,孙叔敖举于海,百里奚举于市。故天将降大任于是人也,必先苦其心志,劳其筋骨,饿其体肤,空乏其身,行拂乱其所为,所以动心忍性,曾益其所不能……然后知生于忧患而死于安乐也。②

上天要将重大责任赋予某人,一定要先使他内心痛苦,筋骨劳累,使他经受饥饿,以致肌肤消瘦,使他受贫困折磨,事务纷繁错乱,动辄得咎,从而使他的内心警惕不安,性情得到磨难,缺陷得到弥补。故而,忧愁患害使人生存,安逸享乐使人萎靡死亡。中国人有一句最爱讲的口头禅:"吃得苦中苦,方为人上人。"是否可以为孟子作注脚?

这两段引文所体现的庄子与孟子的差异,也是游戏精神与承担精神的对照。想一想今天我们的孩子如何早起晚睡地做作业,我们又如何循循善诱地告诫孩子要努力争取好成绩,不难明白当代人的价值追求属于哪一种。

我们禁不住好奇,如果庄孟二人见了面,一定会争论不休吧? 但奇怪的是,二人在文献中从未有任何交集! 这也成为我国古文化研究中的一个千年不解之谜。

孟子(前 372—前 289),比庄子早生 3 年,一生中往返各地,游说诸侯,早年就已

---

① 郭庆藩:《庄子集释》,王孝鱼点校,中华书局 2013 年版,第 110—112 页。
② 孟子:《孟子译注》,杨逢彬译,华东师范大学出版社 2018 年版,第 206—207 页。

经闻名遐迩。庄子（前369—前286），早年做过蒙城的漆园小吏，默默无闻，辞职后又忙于深山访道，林间修行，不求闻达于诸侯；学问有成而讲学，是中年以后的事情。所以，不被奔走于上层的孟子所知晓。

孟不知庄，是客观事实；庄不言孟，则是故意为之。此处请出同一时代的惠施（前370—前310）来旁证。

惠施是梁惠王的重要辅臣。梁惠王给庄子送过粮①，也曾经"顾左右而言他"②，把孟子的说教当成耳边风。惠子和孟子还有个交集是都曾被荀子批评过："不法先王，不是礼义，而好治怪说，玩琦辞，甚察而不惠，辩而无用，多事而寡功，不可以为治纲纪；然而其持之有故，其言之成理，足以欺惑愚众：是惠施、邓析也。略法先王而不知其统，犹然而材剧志大，闻见杂博。案往旧造说，谓之五行，甚僻违而无类，幽隐而无说，闭约而无解。案饰其辞而祗敬之，曰：'此真先君子之言也。'子思唱之，孟轲和之。世俗之沟犹瞀儒嚾嚾然不知其所非也，遂受而传之，以为仲尼、子弓为兹厚于后世。是则子思、孟轲之罪也。"③

在荀子眼里，孟子的"略法先王"比惠子的"不法先王"要略好一点，但庄子的对话之人是惠子而不是孟子。惠子去世之后，庄子对从者讲了匠人"运斤成风"的故事：匠人抡动斧头，为朋友斫去鼻尖的石灰，朋友"立不失容"。宋元君也要他来斫，他回答说：我是能斫，但"臣之质死久矣"！我的对手早就没有了，没有搭档，我能跟谁玩对手戏呢？惠子去世后，庄子叹息道："自夫子之死也，吾无以为质矣，吾无与言之矣。"④

惠子并非只是一个辩论家，他学富五车，在世时就已经影响很大，学问自成一家，与儒、墨、杨（朱）、公孙（龙）四派并列。他主张"止贪争""泛爱万物""去尊""偃兵"，反映了平民阶层的愿望，但不是所有人都喜欢他，比如上文说的荀子。

游戏精神和承担精神，显然是一对矛盾。当然，会有哲学家跳出来，告诉我们说，二者既对立又统一，只是这种逻辑让我们这些凡人觉得莫名其妙。如果不问标准答案（大概也没有最终的答案），只凭内心好恶，你我又会如何取舍？

一个人，一个民族，是否实行了游戏精神，不能用语言来标榜，而是要用生命实践来回答。

---

① 张景：《庄惠同游濠梁缘由新探》，《湖南大学学报（社会科学版）》2020年第1期，第113—118页。
② 杨逢彬：《孟子新注新译》，北京大学出版社2017年版，第53页。
③ 高长山：《荀子译注》，黑龙江人民出版社2002年版，第81页。
④ 郭庆藩：《庄子集释》，王孝鱼点校，中华书局2013年版，第741—742页。

第二节 "两行"和"生生"哲学

英国有一句谚语：All work and no play makes Jack a dull boy。大意是，只知做事，没有游戏，会培养出枯燥无味的孩子。同样，fair play 也是英国文化的重要产品。在遵循公平规则而优雅比赛的游戏中，人们遵守规则，尊重对手，不论输赢都保持高贵的品格，不实行你死我活的凶杀恶斗，不使用诡诈阴险的计谋。这种优雅的游戏取向的生活态度，剧作家萧伯纳称之为"生生"（Live and let live），意即我生与你生，不相排斥；我要活得好，也让你活得好。

《庄子》的说法是"两行"：

> 唯达者知通为一，为是不用而寓诸庸……劳神明为一而不知其同也，谓之朝三。何谓朝三？狙公赋芧，曰："朝三而暮四。"众狙皆怒。曰："然则朝四而暮三。"众狙皆悦。名实未亏而喜怒为用，亦因是也。是以圣人和之以是非而休乎天钧，是之谓两行。[1]

道理通达的人知道事物浑然统一，所以能够把用藏于不用之用。人们用心费神地论辩事物的统一性，而不知统一性本来如此，不需论辩，这就叫朝三暮四。养猴人给猴子分橡子，说："早上给三升，晚上给四升。"猴子们听了非常愤怒。养猴人便改口说："那么就早上四升，晚上三升吧。"猴子们听了都高兴起来。名和实都没有亏损，喜与怒却有了变化，也是这样的道理。古代圣人把是与非联在一起看待，在自然而均衡的境界里优游自得地生活，就是"两行"。

我们的民间俗语说："大路朝天，各走半边。"比较清楚地表达了"两行"的意思。我走我的，你走你的，能成朋友则做朋友，不能成朋友也不必为敌。但执拗人缺少圆融：

> 有父子俱性刚，不肯让人者。一日，父留客饮，遣子入城市肉。子取肉回，将出城门，值一人对面而来，各不相让，遂挺立良久。父寻至，见之，谓子曰："汝

---

[1] 郭庆藩：《庄子集释》，王孝鱼点校，中华书局 2013 年版，第 68—69 页。

姑持肉回，陪客饭，待我与他对立在此。"①

狭路相逢勇者胜，但"勇者"作何定义是要看具体情形的，也许在"勇"的同时还要加上"智慧"。歌德在小路散步时遇到了一位评论家。这位评论家不喜欢歌德的诗，在报上把歌德的作品说得一钱不值。评论家看到歌德，傲慢地说："我从来不给傻子让路的！"歌德摘下帽子，闪在一旁，让开了路，面带微笑地说："我恰恰相反。"②

马克思引用但丁的话并略改动为："走你的路，让人们说去吧。"③现在网络流行语则改为："走别人的路，让别人无路可走。""让人无路可走"这种话语如果仅作调侃则无伤大雅，若作为办公室政治、企业内斗、社会冲突等情境中的行事圭臬则会带来可怕后果。如果一味迷信暴力强权，社会风气可能会变得暴戾，社会成员用欺诈、诡计、抹黑等种种伎俩互相伤害，将导致本可作为联结的情感纽带变得难以信赖。

如果强弱相遇，彼此实力不平衡，或者信息不对称，游戏规则又该由谁规定，如何规定？

遵循两行、生生的游戏精神，强者要主动礼让，显示高风亮节，会让弱者参与规则的制定，享受规则的保护，从而形成一种新的整体互动关系。成年人对于弱小无力的儿童做出让步，保障儿童参与社会活动的权利和机会，正是建设正当而美好的社会秩序的必然要求。

第三节　"不战"和游戏精神

《孙子兵法》中最有名的一句话"不战而屈人之兵"，不仅中国人耳熟能详，而且流行全球，是美国西点军校的课程要点之一，也是五角大楼的一项重要战略方针。但是，孙子真的如外国人想象的那样，是诡诈术专家吗？"兵者，诡道也"，孙子主张的是诡诈术吗？

这个问题关系重大，不得不讨论清楚。

在笔者看来，"不战"是孙子的根本主张。"不战"的立场，是维护和平，是与民休息，是反对暴力至上的强权主义。

---

① 冯梦龙：《〈笑府〉与〈广笑府〉》，潘山、高勇译注，新疆青少年出版社 2005 年版，第 158 页。
② 张力：《"幽默"中的语用礼貌原则》，《湖北第二师范学院学报》2013 年第 4 期，第 21—23 页。
③ 姜岳斌：《"走自己的路，让人们说去吧"但丁还是马克思？》，《宁波大学学报（人文科学版）》2012 年第 6 期，第 32—35 页，第 40 页。

诡道绝不是诈术的同义词。更不可以将暗杀、生化武器、核武讹诈等极端做法归到孙子名下。《孙子兵法》的书名,英译为"Arts of War",其实不合孙子原意。整部《孙子兵法》都在强调维护和平、保护民众、以兵止兵、以战止战,所以斗胆说一句:书名译为"Ways of Arms"能更好地体现孙子的情怀和宗旨。

军,乃庄严威武之师,需做到师出有名,师出有道;用兵,是为了弘扬正义,维护道义,不是为了胡乱杀人、屠城,更不是掠夺、占领,行不可告人之恶事。《孙子兵法》不是恶人作恶时可以任意利用的挡箭牌和遮羞布。

"不战",还可以解读为游戏精神在兵法上的体现。我们在本书第一章中曾经谈到,"戲",是三军之偏,专门制作特技效果,用以威吓强敌。"戲",用于军事,类似游戏、竞赛、有规则的竞争。在这个意义上,用兵可以说是一种艺术,生活设计的艺术,处理人际冲突甚至国际冲突的艺术。

春秋时,楚庄王为了改变楚国蛮夷不文的形象,着力提升国民素质,很有成效。楚与晋"泌之战"对阵时,把对方打得大败,晋军的兵车陷进泥泞,十分狼狈。这时,楚军没有趁机攻杀,而是提醒对方卸掉横梁,从泥泞中脱身。晋军一面逃跑,一面表示感谢,还不乏幽默地说:"吾不如大国之数奔也。"①晋军这是在调侃楚军:还是你们逃跑次数多、有经验啊!今天看春秋时期的战争,觉得有点像游戏,至少与贵族的竞技比赛,或者欧洲骑士的决斗,有很多相似之处。其中,对于游戏规则、契约和诚信精神的坚守,对于优雅的格调和纯真精神的追求,凌驾于胜负和输赢之上的非功利的超然态度,都是与游戏精神相通的。

到了战国时代,这种君子之间才有的彬彬有礼的游戏精神就完全不见了踪影。尊重对手,优待俘虏,不攻击伤员,不欺凌弱者等等优雅风度,统统被抛到了九霄云外。

你死我活的战争和宫廷政治,不再是君子之间的游戏,因为输赢、胜败的后果十分严重,往往导致胜者王侯败者寇、赢者通吃的结局:对于政敌,要车裂、凌迟处死、千刀万剐;甚至株连九族、十族,是为了了却心头之恨,也是为了斩草除根。表面上看,似乎最为强大的力量来源于仇恨,其实,背后隐藏的真正动机,是恐惧:我不杀他,他就杀我!宁可错杀,不能犯错!

游戏中的输赢,没有如此严重的后果。遵守竞技规则,尊重对手,保持同情的理解和恻隐之心,显示贵族风度,培育优雅心灵,等等,都可在游戏中得到彰显。

---

① 左丘明:《左传》,李维琦、陈建初、李运富、覃遵祥、唐生周、萧谒川注,岳麓书社 2000 年版,第 266 页。

人们喜欢游戏，害怕战争。而且，游戏精神有利于维护世界和平、家国安宁、人民幸福、个人的平和与康健。而这些，都可以在日常生活的点点滴滴中渗透、落实，获得润物细无声的效果。人心一旦变得极端暴戾，世道往往就会变得难以收拾。中国俗语说："宁为太平犬，不做乱离人。"生命缺少了基本的保障，那就只剩下恐惧了。和平，秩序，公正，人的尊严和权利，比什么都重要。

游戏精神的缺乏会导致解决方案缺乏圆融。伊朗有部优秀电影《一次别离》：十岁女孩特梅的母亲想要移民，可父亲不忍离开老年痴呆的爷爷而拒绝。夫妻俩分歧无法弥合，就申请离婚并分居。孕妇瑞茨因丈夫失业并陷入债务危机而到特梅家照顾老年痴呆的爷爷。有一天爷爷跑到街上，孕妇追他时被车撞了。第二天孕妇突然感觉不适要去医院，担心爷爷乱跑，就把他的手绑在了床上。特梅父亲回来发现爷爷手绑在床上、身体摔倒在床下，愤怒之下推了孕妇一下，导致她流产住院。孕妇的丈夫开始歇斯底里地告状、吵闹、威胁特梅一家。家庭内外一片危机，冲突无法协调，似乎只能有一个鱼死网破的结局。

这些人很普通，很常见，就像是你我的邻居一样熟悉，没有大奸大恶之人，也没有十恶不赦之事。每个人都有自己的困难处境和难题，也有自己似乎合情合理的目标追求以及行动逻辑，但是这些事出有因和连环相扣的行动，又构成一个无法解开的死结，环境气氛和人际关系的格局变得十分僵化、逼仄，气氛压抑，令人窒息，没有转圜的空间和呼吸的余地，让人感觉无法可想，无处可逃。

生活的种种困境，诸如年老病痛，人际关系冷漠，离婚，失业，贫困，坐牢，诉讼，谎言与欺瞒，敌意和冲突，使人们不能相互体谅，宽容让步，不能通过真诚的表达和道歉、沟通来化解矛盾，于是造成了几乎无解的乱麻死结。传统的宗教教义和良知，似乎失去了神奇的作用。夫妻儿女之间的温情和家庭的天然联系，也不再具有化解危机的力量，反而使人感觉到沉重的负担。没有人看得到出路、希望和光明，没有人站出来提供切实有效的解决方案，没有权利与利益的公平分享。无奈、无助和无望，成为笼罩在众人头上无法摆脱的魔咒。

故事中的人不知道自己到底做错了什么，却陷入泥潭，进退维谷；自己没有蓄意对人发起攻击，却造成了伤害；每个人都有自己的苦衷；状态不对，做什么都是错的；不知道出路在哪里，越忙则头绪越乱。总之，生活中没有了欢乐，一切努力只是让生存的压力越积累越多，成为一团解不开的乱麻。

佛教教义中有一个地狱，名叫多嗔，这里的人不是到地狱后才嗔心炽盛，而是在世时就内心充满嗔火，即便单独一个人时也在内心翻涌着让自己愤怒的事情。[1] 由于人间结恨心，死后生彼狱中，彼曾逼我，我今复彼。[2] 佛教认为，因为业力所致，这些人不能超脱仇恨，离开地狱。从心理学角度来看，人与人之间缺乏同情的理解，缺乏超脱性的视角转化的能力，使人看不到宽容和合作的出路。

作为观影者，我们同情故事中的人物，也为他们着急。我们看到，只用道德和法律条文等外在框架去约束别人，只想着保护自己的利益，一味追究对方的责任，就会陷入无穷尽的攻防战，只有两败俱伤，没有圆满的解决方案，或者说，连可以让双方能够接受的圆融和妥协，都无法做到。

如果当事人有足够的游戏精神，能够跳出狭隘的利益格局，让宽容、退让、转圜、共赢成为可见的存在视域，"自己活，也让别人活"，庄子的"两行"与萧伯纳的"生生"，有可能成为大家共同合作下能够找到的出路。

剧中人物都没有能力超越自己的既有格局和经年积习，在特定的社会氛围中，大家都唯恐向人示弱会使得自己陷入万劫不复的不利地位，于是好勇斗狠和鱼死网破的做法成为普遍的成规。宽容，让步，妥协，总是不能成为现实。《一次别离》影片结尾处，我们仍然同特梅的父母一起，期盼并等待特梅从离婚处走出来，宣布一个打破僵局的决定，用她的个人力量感化父母，并提出一个建设性方案，切实帮助对方的家庭，从而实现和解。然而，我们没有看到这样的结局。理智告诉我们，一个十岁的孩子没有这样的能力，去为一个作茧自缚的成人社会带来新颖的突破性的解决方案。

观影者的纠结、失落，恰恰是这部影片的成功之处。真诚的艺术，能让我们触及内在和外在的真实，逼迫我们面对问题，改变陈规，寻求新路。

人类在面临困境时如何寻求新颖的出路？游戏精神，是否可以构成解决方案的必要一环，或者说是寻找解决方案的一个前提条件？

我们熟知的"飞来峰"故事说，济公知道有巨石要飞来，劝村民赶快离开，但村民都不相信。济公无奈，只好抢了新娘子，背起来往村外飞跑。全村人一起追赶济公，因此得以避开从天而降的飞来峰。抢新娘看上去像是胡闹游戏，但在此时却是济公和尚救人于危难的方便法门。杭州虎跑的济公殿正中有一副对联：

一柄破蕉扇一领垢衲衣终日嘻嘻哈哈人笑痴和尚和尚笑人痴你看怎样；

① 齐云麂：《〈地藏经〉观行》，宗教文化出版社 2020 年版，第 241 页。
② 释意昭：《〈地藏菩萨本愿经〉浅释》，宗教文化出版社 2022 年版，第 187—191 页。

奔来豁虎跳趼去翻跟斗到处忙忙碌碌我为渡众生众生不我渡佛唤奈何。

横批是"游戏人间"。殿外亭阁两面写着"行分内事，作方外游"，可以作为游戏精神的注脚。

有精神自由，人才能够活得开心，活得像样，活得有尊严，活得有价值。

圆满的人生，游戏不可少，游戏精神不可少。

参考文献

Bodley，J. H. Cultural Anthropology：Tribes，States，and the Global Systems [M]. NY：Altamira Press，2004.

Bowie，F. The Anthropology of Religion：An Introduction[M]. Malden, MA：Blackwell，2006.

Bruner，J. Acts of Meaning[M]. Cambridge，MA：Harvard University Press, 1990.

Caillois，R. Man，Play and Games [M]. Illinois：University of Illinois Press，2001.

Erikson，E. H. Childhood and Society[M]. NY：W. W. Norton，1950.

Garvey，C. Play[M]. Cambridge，MA：Harvard University Press，1977.

Goodyear-Brown，P. Play Therapy with Traumatized Children：A Prescriptive Approach[M]. NJ：Wiley，2010.

Groos，K. The Play of Animals[M]. NY：Appleton，1898.

Herron，R. E. ，Brian,S. Child's Play[M]. New Jersey：John Willey & Sons, 1971.

Johnson，M. The Meaning of the Body：Aesthetics of Human Understanding[M]. Chicago：University of Chicago Press，2007.

Neuman，S. B. ，Roskos，K. Peers as literacy informants：A description of young children's literacy conversations in play [J]. Early Childhood Research Quarterly，1991(6)：233—248.

Peterson，C. A. ，Stumbo，N. J. Therapeutic Recreation Program Design[M]. Boston：Allyn & Bacon，2000.

Rogers, C. R. A theory of therapy,personality,and inter personal relationships, as developed in the client—centered framework [A]. In Kock, S. (E)D. Psychology：A study of a Science [M]. New York：McGraw—Hill,1959.

Rogers, C.S. Play in the Lives of Children[M], NAEYC, 1992.

Rubin, T. D. et al. Child's Play：Developmental and Applied[M]. Oxford： Taylor and Francis, 2018.

班固. 汉书[M]. 上海：上海古籍出版社,2003.

班昭撰,王相笺注. 女诫[M]. 王相笺注,济南：山东人民出版社,2018.

北京大学哲学系美学教研室. 西方美学家论美和美感[M]. 北京：商务印书馆,1980.

不少成年人心里住着一个"巨婴"[J].廉政瞭望(上半月),2017(02)：91.

布鲁范德.新编美国民俗学概论[M]. 李扬译,上海：上海文艺出版社,2011.

蔡丰明.游戏史[M].上海：上海文艺出版社,1997.

曹雪芹. 红楼梦[M]. 北京：中国华侨出版社,2018.

曹雪芹. 红楼梦[M]. 无名氏续,脂砚斋批,西安：三秦出版社,2020.

陈连山.游戏[M].北京：中央民族大学出版社,2000.

陈寿. 三国志[M]. 北京：中华书局,1975.

陈韦薇,韦丽春.仫佬族儿童游戏中的传统体育文化研究[J].体育科技,2021(01)：30—32.

陈瑶.清华简《系年》与夏姬身份考论[J].北方论丛,2019(06)：67—73.

成云雷.卖盐官不管吃醋事——同一律[J].当代学生,2006(23)：49—50.

程大力.九品制、等级分：文化的传统与进步——兼论中国围棋、武术采用日本武技段位制的欠妥[J].成都体育学院学报,2003(03)：29—31.

仇兆鳌. 杜诗祥注[M]. 杭州：浙江大学出版社,2016.

崔岱远.今晚的月光分外明[J].国际人才交流,2022(09)：52—54.

道宣. 续高僧传[M]. 郭绍林点校,北京：中华书局,2014.

董森.旧社会妇女们的心声——漫谈我国传统妇女歌谣[J].民间文学论坛,1983(02)：46—57.

杜甫. 杜甫集校注[M]. 谢思炜校注,上海：上海古籍出版社,2015.

杜甫. 杜甫全集[M].高仁标点校,上海：上海古籍出版社,1996.

渡边修司,中村彰宪. 游戏性是什么：如何更好地创作与体验游戏[M]. 付奇鑫译,北京:人民邮电出版社,2015.

段明.非物质文化遗产保护的背景与对策[J].重庆社会科学,2008(04):83—87.

范晔.后汉书[M].李贤等注,武汉:崇文书局,2016.

房玄龄等.晋书[M].北京:中华书局,1974.

费振刚.文白对照全汉赋[M].广州:广东教育出版社,2006.

冯骥才.中国民间文化遗产抢救工程普查手册[M].北京:高等教育出版社,2003.

冯梦龙,潘山,高勇.《笑府》与《广笑府》[M].乌鲁木齐:新疆青少年出版社,2005.

弗雷泽.金枝[M].徐育新等译,北京:新世界出版社,2006.

弗里德里希·席勒.审美教育书简[M].冯至,范大灿译,北京:人民文学出版社,2022.

弗罗姆.被遗忘的语言——梦、童话和神话分析导论[M].郭乙瑶,宋晓萍译,北京:国际文化出版公司,2001.

傅华辰.朱元璋与对联[J].宿州学院学报,2017(04):53—55.

富察敦崇.燕京岁时记[M].北京:北京古籍出版社,1983.

干宝.搜神记[M].宗介甫编译,沈阳:万卷出版社,2021.

高华平.魏晋的围棋和范汪的《棋品》[J].文献,2000(04):82—89.

高士奇.金鳌退食笔记[M].北京:北京出版社,2018.

高似孙.纬略[M].左洪涛校注,杭州:浙江大学出版社,2012.

葛洪.神仙传校释[M].胡守为校释,北京:中华书局,2010.

谷倩倩.陆机《演连珠》研究[D].保定:河北大学,2021.

顾起元.客座赘语[M].张惠荣校点,南京:凤凰出版社,2005.

关溪莹.滑稽儿歌与现代儿童教育[J].民族文学研究,2004(03):114—118.

郭立诚.中国民俗史话[M].天津:百花文艺出版社,2004.

郭茂倩.乐府诗集[M].北京:中华书局,2019.

郭沫若著作编辑出版委员会.郭沫若全集:考古编·第二卷·卜辞通纂[M].北京:科学出版社,1983.

郭泮溪.民间游戏与竞技[M].北京:中国社会出版社,2006.

郭庆藩.庄子集释[M].王孝鱼点校,北京:中华书局,2013.

郭文卿.纪晓岚对联趣闻[J].中国物资再生,1996(07):39—42.

韩丽梅,吕家瑞,张鹏燕.河北童谣的"生活美"[J].河北民族师范学院学报,2018(02):7—13.

何德兰.孺子歌图[M].徐晓东译,杭州:浙江人民美术出版社,2017.

何一昊.六博行棋规则研究[J].中原文物,2022(04):114—119.

何云波.《忘忧清乐集》与北宋东京的围棋记忆[J].汉语言文学研究,2013(04):78—83.

赫伊津哈.游戏的人:文化中游戏成分的研究[M].何道宽译,广州:花城出版社,2007.

黄俊杰.孟子[M].北京:生活·读书·新知三联书店,2013.

姜生.六博图与汉墓之仙境隐喻[J].史学集刊,2015(02):18—25.

姜岳斌."走自己的路,让人们说去吧"但丁还是马克思?[J].宁波大学学报(人文科学版),2012(06):32—35,40.

金波.中国传统童谣书系:自然歌[M].南宁:接力出版社,2012.

金克木.中国文化老了吗?[M].北京:中华书局,2016.

金璐璐.悲剧意识的消解——论曹植游仙诗的时间和空间意象[J].哈尔滨学院学报,2006(08):71—75.

金易,沈义羚.宫女谈往录[M].北京:紫禁城出版社,1991.

科恩.游戏力:笑声,激活孩子天性中的合作与勇气[M].李岩译,北京:中国人口出版社,2016.

科萨罗.童年社会学(第二版)[M].程福财等译,上海:上海社会科学院出版社,2014.

孔子.礼记[M].郑玄注,陈戌国点校,长沙:岳麓书社,2006.

郎杰斌,阮海红,吴蜀红,华小琴.生活化:苏轼阅读观的特质[J].图书馆,2022(06):79—85.

李白.李白集[M].崔艺璇编著,南京:江苏凤凰文艺出版社,2020.

李昉.太平广记[M].北京:中华书局,2020.

李璐.电子游戏的叙事美学研究[D].重庆:西南大学,2017.

李屏.中国传统游戏研究——游戏与教育关系的历史解读[M].太原:山西教育出版社,2012.

李清照.李清照诗词集[M].卓爱华编著,南京:江苏凤凰文艺出版社,2020.

李斯托威尔.近代美学史评述[M].蒋孔阳译,上海:上海译文出版社,1980.

李祥石.走进岩画[M].银川:宁夏人民出版社,2014.

李毓珍.棋经十三篇校注[M].成都:蜀蓉棋艺出版社,1988.

李云峰,李子贤,杨甫旺."梅葛"的文化学解读[M].昆明:云南大学出版社,2007.

李贽.焚书[M].北京:中华书局,1961.

林方直.滑稽——乱同异——《〈管锥编〉艺理引义》之一[J].阴山学刊,2015(05):14—22.

刘侗,于奕正.帝京景物略[M].崔瞿校注,上海:上海远东出版社,1996.

刘侗,于奕正.帝京景物略[M].崔瞿校注,上海:上海古籍出版社,2001.

刘文英,曹田玉.梦与中国文化[M].北京:人民出版社,2003.

刘骁纯.从动物快感到人的美感[M].济南:山东文艺出版社,1986.

刘焱.儿童游戏通论[M].北京:北京师范大学出版社,2004.

刘义庆.幽明录[M].郑晚晴辑注,北京:文化艺术出版社,1988.

卢有泉,卢世楠.中国儿童传统游戏[M].太原:山西教育出版社,2015.

陆建德."天地之妙文"——咸同时期杭州歌谣《天籁集》[J].杭州师范大学学报(社会科学版),2021(03):65—73,120.

吕广为.双关例论[J].语文学刊,1995(06):43—46,28.

罗贯中.三国演义[M].北京:中国文联出版社,2016.

罗贯中.三遂平妖传[M].杭州:浙江人民美术出版社,2017.

罗鉴江.民间棋类游戏[M].北京:农村读物出版社,2000.

马恒君.庄子正宗[M].北京:华夏出版社,2014.

马瑞辰.毛诗传笺通释[M].陈金生点校,北京:中华书局,1989.

马书田.中国民间诸神[M].北京:团结出版社,1997.

毛晓沪.雍正瓷胎画珐琅嫔妃对弈图盘考[J].收藏家,2005(10):41—46.

孟元老.东京梦华录[M].侯印国译注,西安:三秦出版社,2021.

明恩溥.中国乡村生活[M].陈午晴,唐军译,北京:中华书局,2006.

牛僧孺.玄怪录[M].北京:中华书局,1982.

欧阳修.欧阳修全集[M].北京:中华书局,2001.

潘荣陛.帝京岁时纪胜[M].北京:北京古籍出版社,1981.

佩里,塞拉维茨.登天之梯:一个儿童精神科医师的诊疗笔记(第三版)[M].曾早垒译,重庆:重庆大学出版社,2021.

平克. 人性中的善良天使：暴力为什么会减少[M]. 安雯译，北京：中信出版社，2015.

齐丕成. 大梦谁先觉 平生我自知——从《三国演义》谈诸葛亮的决策预测原则[J]. 行政人事管理，1995(05)：25—26.

契克森米哈赖. 专注的快乐：我们如何投入地活[M]. 陈秀娟译，北京：中信出版社，2011.

钱虹. "天易见，见伊难"——从朱淑真的《断肠谜》说起[J]. 名作欣赏，2014(31)：14—15.

钱明. 新搜集的十六篇王阳明佚诗文考释[J]. 阳明学刊，2006(01)：23—29.

邱学青. 幼儿园玩具提供中应注意的几个问题[J]. 幼儿教育，2008(07)：10—11.

沈榜. 宛署杂记[M]. 北京：北京古籍出版社，1983.

沈利华. "祭灶"民俗文化心理论析[J]. 学海，2005(05)：143—148.

盛丽梅. 论对联的起源发展及文化内涵[J]. 湖北开放职业学院学报，2022(6)：122—123，126.

石黎钥，徐薇. 汉英谜语比较与翻译[J]. 英语广场，2022(28)：3—6.

释惠洪. 冷斋夜话[M]. 黄进德批注，南京：凤凰出版社，2009.

释慧皎、释道宣、释赞宁、释如惺. 中华高僧[M]. 卢海山、申山译，郑州：中州古籍出版社，1998.

司马迁. 史记[M]. 北京：北京燕山出版社，2017.

司马贞. 史记索隐[M]. 西安：陕西师范大学出版社，2018.

孙惠民. 对联趣话[J]. 内蒙古人大，2018(12)：47—48.

谈迁. 枣林杂俎[M]. 胡明校，罗仲辉点校，北京：中华书局，2006.

汤洪.《白头吟》考辨[J]. 四川师范大学学报(社会科学版)，2007(05)：141—144.

汤显祖. 牡丹亭[M]. 邹自振，董瑞兰评注，南昌：百花洲文艺出版社，2014.

唐楚臣. 中华彝族虎傩[M]. 昆明：云南人民出版社，2000.

陶宗仪. 元氏掖庭记[M]. 上海：上海书店出版社，2014.

万建中. 禁忌民俗的式微——以民间叙事文学为考察对象[J]. 北京师范大学学报：社会科学版，2001(06)：36—42.

汪春泓. 六朝文人的戏谑[J]. 古典文学知识，2018(04)：22—30.

王钢. 古籍中的武汉中秋记忆[J]. 档案记忆，2021(09)：14—16.

王宏凯. 中国古代游艺[M]. 北京：中国国际广播出版社，2010.

王慧.中国传统游戏[M].合肥:黄山书社,2014.

王娟.民俗学概论(第2版)[M].北京:北京大学出版社,2011.

王俊龙.棋法阴阳:围棋中的哲理与数理[J].西南大学学报:社会科学版,2013(06):11—19,173.

王仁裕.开元天宝遗事[M].李聪绘,南昌:江西美术出版社,2022.

王仁裕.开元天宝遗事十种[M].丁如明辑校,上海:上海古籍出版社,1985.

王文宝.中国民间游戏[M].北京:华龄出版社,2010.

王晓如.诗歌与牛郎织女传说及其影响[J].唐都学刊,2014,30(04):96—99.

翁士勋.说"毬"[J].成都体育学院学报,1990(04):19—22.

乌丙安.中国民俗学[M].沈阳:辽宁大学出版社,1999.

吴承恩.西游记[M].上海:上海大学出版社,2015.

吴承恩.西游记[M].沈阳:万卷出版社,2018.

吴凡,尹笑非.民间游戏"雉鸡翎跑马城"的文化阐释[J].安庆师范大学学报:社会科学版,2019(1):89—92.

萧统.文选[M].上海:上海古籍出版社,2019.

谢崇安.中国原始畜牧业的起源和发展[J].农业考古,1985(01):282—291.

熊超琨.电子游戏超文本叙事研究[D].武汉:华中师范大学,2020.

许慎.说文解字[M].段玉裁注,北京:中国书店,2011.

许慎.说文解字[M].段玉裁注,许惟贤整理,南京:凤凰出版社,2015.

许永杰.永昌鸳鸯池墓地彩陶图案的分类研究[J].文物,1992(11):58—67.

严铭.宋诗中女性形象锐减的原因探析[J].时代文学(下半月),2009(09):124—125.

颜元.颜元集[M].北京:中华书局,1987.

晏殊.晏殊词集[M].上海:上海古籍出版社,2016.

晏天章.玄玄棋经[M].天津:天津科学技术出版社,2009.

燕燕.梅洛—庞蒂具身性现象学研究[M].北京:社会科学文献出版社,2016.

阳清.两汉神秘文化与武帝传说系列文本的人神遇合[J].昆明理工大学学报(社会科学版),2009(10):82—86.

杨畅.浅谈中国民间童谣游戏对幼儿社会性发展的积极影响[J].教育教学论坛,2012(32):272—273.

杨广学.心理治疗体系研究[M].长春:吉林人民出版社,2003.

杨米人. 清代北京竹枝词:十三种[M]. 路工选编,北京:北京出版社,2018.

杨慎. 古今风谣[M]. 北京:中华书局,1985.

姚现民.山东成武的民间儿童游戏[J].民俗研究,1988(03):74—76.

尤磊.联语趣谈[J].华夏文化,1995(2):42—43.

游戏主人. 笑林广记[M]. 粲然居士参订,昆明:云南人民出版社,2016.

于敏中等. 日下旧闻考[M]. 北京:北京古籍出版社,1981.

袁珂.中国古代神话[M].上海:华东师范大学出版社,2017.

曾纪岚.中国帝王与谜语[J].怀化师专学报,1995(03):74—78.

曾艺.癸卯兔年迎新春——中国兔文化漫谈[J].农村·农业·农民(A版),2023(02):57—59.

翟鸿起.中国名谜掌故趣读[M].北京:中国文史出版社,2007.

张勃.试说儿童游戏在个体社会化中的作用[J].枣庄师范专科学校学报,2002(6):106—109.

张景.庄惠同游濠梁缘由新探[J].湖南大学学报:社会科学版,2020,34(1):113—118.

张君.基于游客认知的祈梦文化旅游地旅游产品开发研究[D].厦门:华侨大学,2011.

张峻.兔爷元素在文创产品设计中的应用研究[J].艺术与设计(理论),2015(11):95—97.

张力."幽默"中的语用礼貌原则[J].湖北第二师范学院学报,2013(04):21—23.

张连举,周玲.元杂剧中的智力游戏习俗[J].湛江师范学院学报,2008(05):90—95.

张梦倩.中国传统童谣研究——在教育世界的边缘[M].太原:山西教育出版社,2012.

张威华.二三十年代曹县的儿童游戏[J].民俗研究,1988(03):72—73.

张新立.彝族儿童民间游戏"老虎抱蛋"的发源和变迁[J].西南大学学报(人文社会科学版),2006(05):57—60.

张学士. 棋经十三篇[M]. 诸葛潜潜编著,北京:中华书局,2010.

张一南.晚唐的贫女诗[J].文史知识,2016(10):26—32.

张中宇,杨恬.涉农诗里寻罗隐——"解密罗隐"之三[J].博览群书,2022(10):49—56.

赵慧娣.明代围棋运动述要[J].兰台世界,2012(30):82—83.

赵莉萍.古代围棋诗词刍论[J].沈阳师范大学学报(社会科学版),2003(06):52—54.

赵庆伟,朱华忠.游戏风情[M].武汉:湖北教育出版社,2001.

赵杏根,陆湘怀.实用中国民俗学[M].南京:东南大学出版社,2005.

智学,张建岁.民间游戏在幼儿园活动中的应用[M].北京:高等教育出版社,2012.

钟锦.范成大的四首《四时田园杂兴》[J].书城,2022(10):13—17.

钟敬文.民俗学概论[M].上海:上海文艺出版社,2010.

周礼[M].郑玄注,陈戌国点校,长沙:岳麓书社,2006.

朱虹.解缙急智巧对[J].当代江西,2022(09):62—63.

朱秋枫.浙江歌谣源流史[M].杭州:浙江古籍出版社,2004.

朱彝尊,姚祖恩.静志居诗话[M].黄君坦点校,人民文学出版社,1990.

宗懔.荆楚岁时记[M].杜公瞻注,姜彦稚辑校,北京:中华书局,2018.

宗争.游戏学:符号叙述学研究[M].成都:四川大学出版社,2014.

邹巧妹,白解红.汉语楹联的认知语义研究[J].湖南师范大学社会科学学报,2019(03):93—101.

邹祖尧.从李贽的"童心说"看朱元璋的诗歌创作[J].江淮论坛,2012(03):176—180.

左丘明.左传[M].李维琦,陈建初,李运富,等注,长沙:岳麓书社,2000.